バカに見える日本語

樋口裕一

青春新書
INTELLIGENCE

はじめに

自分ではまあまあ頭のいいほうだと思っている。同僚よりはデキるんじゃないかなと思っている。それなのに、周囲の評価は自分の思っているほどでもないことを、渋々認めざるをえない。上司は安心して仕事を任せてくれないし、後輩からも尊敬されているようには思えない。さしてデキがいいとも思えない同僚のほうが評価されているのが、なんとなく腹立たしい。こんな不満を抱いている人は、いないだろうか。

そのような人は、もしかしたら、「バカに見える日本語」をついしゃべってしまっているのかもしれない。

言葉というのは、怖い。頭のいい人でも、本文で示したような「みんな言っています」「ご存じないんですか?」といったバカっぽい言葉を使っていると、頭がよく見えなくなる。「あの人、自分を勘違いしているんじゃないの?」と思われ、評価が下がることにもなる。

学生が社会人になってバカにされるのも、日本語が使えていないからであることが多い。

彼らは学生時代なら通じたバカっぽい日本語を、オフィスでつい使ってしまう。学生時代ならウケた言葉でも、上司や先輩からすれば、なんとも間抜けで意味の通じない日本語になる。こうして「バカ」のレッテルを貼られると、その後が思いやられる。そのような経過をたどって、バカとみなされてきた人が、日本中にどれほどたくさんいることだろう。

しかし、逆に言うなら、デキるという自信のない人でも、頭のよさそうな日本語を使ってみたらどうなるか。

相手は、「じつはこの人、デキるんじゃないか?」と、評価を改めることもあるかもしれない。同じ程度のデキの中堅社員に対して、「デキそう」「デキない」と評価が分かれてしまうのは、じつは多くの場合、日本語の使い方に差があるからなのだ。

したがって、「バカに見える日本語」を話さないようにすれば、多くの場合、ふつうに接してもらえるようになる。「バカに見える日本語」を封印し、逆に「頭のよく見える日本語」を使えるようになれば、必ずや評価が上がるだろう。

頭のよく見える日本語を使ううちに、思考も高度になって、仕事ができるようにもなる。しかも、しっかりしたコミュニケーション力のある日本語を使うことによって、多くの人の信頼を得て、ますます知的に行動できるようになるだろう。

この本では、まずは頭の悪い日本語を集めてみた。なぜダメなのかを解説したのち、処方箋も添えてある。頭の悪い日本語を再認識しながら、処方箋を参考にして「頭のよく見える日本語」とはどのようなものかを知っていただきたい。そして、上手にそれを使いこなしていただきたい。きっと、頭の悪い日本語を使っていたときとは違った未来が開けるに違いない。

樋口　裕一

バカに見える日本語――目次

第2章 自己チューな日本語
——物事を決めつけたり、自分の考えを押しつける

第3章 距離感がわかっていない日本語 ——上から目線、仲間内しか通じない言葉… 83

第4章 ワンパターンな日本語　125
——語彙が貧困で、物事をひとくくりにする

第5章

理性のない日本語

――感情的な言い回し、甘えた表現… 159

編集協力　今井順子
本文ＤＴＰ　センターメディア

第1章

ごまかしの日本語

——論理的に説明できないことをぼかす

頭のよさ＝説明力。

自分の頭で考えて、物事をはっきり説明したり反論できないために、ぼかし表現やあいまいな表現を多用すると、頭が悪く見えてしまう。本章では、そんな「ごまかしの日本語」を紹介しよう。

「みんな言ってます」

——根拠のなさをごまかす日本語

打ち解けた会議や雑談で、誰もがつい言ってしまう言葉の一つが、「みんな言ってます」だ。

こう言えば、自分の主張が通りやすくなると思ってのことだろう。いまの潮流が、どうなっているかを言いたいかもしれない。本人はうまく言ったつもりかもしれないが、これは空回りに終わりやすい。

まず、「みんな」という言い方があいまいで、大げさでもある。しかも、本人の錯覚が混じっていることも多い。「みんな」と言っても、誰がそう言っていたかは記憶にない。じつは一人か二人しか言っていない気もする。あるいは、自分しか言ったことがなかったかもしれない。それでも、自分の話を補強するために、つい「みんな言ってます」と言ってしまうのだ。

たしかに、言われたほうは、一瞬ぐらつく。「自分はそんな世事に疎かったのか」と思って、うまく丸め込まれる人もいるだろう。

だが、健全な常識のある人は、すぐに疑いはじめる。「みんなの言っている」ことが、どれだけ世間に浸透しているかは、自分の実感から推察もできる。実感がなければ、「みんな言っている」が本当かどうか、怪しく思えてくる。「みんなって、どれくらいの多数のことを言うのだろう」「具体的には、誰だろう」と思いはじめると、もう「みんなが言ってます」に信憑性はなくなる。

ここで、言われたほうが「みんなって誰のこと?」と問い返してきたときだ。「いや、みんなって、誰のことだったっけかなあ」「僕の友人、みんなだよ」くらいにしか答えられないと、恥をかくことにもなる。

このあたり、子どもの決まり文句を思い出す人もいるだろう。子どもが親に何かをねだるとき、持ち出してくる言葉が「みんな」だ。「みんなケータイを持ってるよ」「みんな、このゲームを持ってるよ」と言ってくる。「だから買って」というわけだが、親にはそれが水増しや、でっちあげであることがすぐわかる。

大人の「みんな言ってます」も、子どものおねだりと同じ次元でしかなく、恥をかくことになりやすいのだ。

「みんな言ってます」はつい言いたくなる言葉だが、ここは言い換えを考える。「○○課長が言ってました」「評論家の××がそんなことを言ってました」と言うなら、説得の材料として認めてもらえる。また、普段から根拠のなさを「みんな」でごまかさず、「～という理由です」と言う習慣をつけると、言葉に説得力が生まれ、知的に見られるようになる。

ポイント

●「みんな言ってます」ではなく、具体的に人名を示す。
●根拠のなさを「みんな」でごまかさず、「～という理由です」と言う習慣をつける。

「昔からこうだから、これでいい」

――自分の思考ばかりか他人の思考までも停止に追い込む日本語

上司がつい口にして、失望を買う日本語の一つが、「昔からこうだから、これでいいんだよ」だ。

部下から問題点を指摘されたとき、あるいは改善を提案されたとき、部下の指摘や提案をうまく受け入れることができない。部下の意見をかわそうと思ったとき、つい使ってしまう。あるいは、たんに考えるのが面倒くさいからと、使ってしまう。

もちろん、多くの場合、言った本人も「これでいい」とは思っていない。ここで部下の意見について時間を割いても仕方ない、うまくいっているからいいじゃないか、などと自分の中で弁明している。

だからといって、「昔からこうだから、これでいいんだよ」という日本語を使っていいわけではない。「昔からこうだから、これでいいんだよ」は、何も説明していない。自分をあえて無難な人間だと見せたいならいいかもしれないが、知的な上司とは見てもらえない。

さらには自分の思考を停止に追い込み、部下の思考能力までも停止に追い込みかねない。言われた部下は失望し、やがて「昔からこうだから、これでいいんだよ」を平気で言うビジネスマンと化していくことにもなる。

知的な上司と思われたかったら、「昔からこうだった」ではなく、なぜこうなったのか事情を語ることだ。「たしかに改めねばならないだろうが、いま、それを全部やるわけにはいかない。いまはやむをえない時期であり、黙っておくのが得である」とでも語る。あるいは、「いまの部長が反対するもので、いまのところ誰も何もできない」とでも語る。こうした事情を語るなら、部下も安心し、知的な上司と思ってくれるはずだ。

ポイント

「昔からこうだから、これでいいんだよ」ではなく、なぜいま現状維持しているのか事情を話しておく。

「そんなの自分で考えろ」

——理解力不足をごまかす怠慢な日本語

部下が質問したり、相談してきたときだ。「そんなの自分で考えろ。新人じゃないんだから」と突き放す人がいる。「忙しいから」「面倒臭かったから」などと理由はあるかもしれないが、部下からは冷たい目で見られることになる。

もちろん、そこに教育的配慮があるのならいい。部下の自分で考えさせようという思いがあるのなら、よい指導といえる。

だが、実際には、「そんなの、自分で考えろ」と言うときの理由で、一番多いのは、おそらく「上司自身もわからないから」「本当は指導するべきだが、面倒だから」というものだろう。たとえば、部下が企画書を持参して、「ここをどう思いますか」と相談してきたときなど、そう答えてしまう。

企画書の全体を把握し、部分それぞれをチェックしていくことは、かなり煩雑な作業だ。

かといって、おざなりな回答では、部下は納得しないだろう。下手な回答では、部下にバカにされるやもしれない。そう思った上司は、つい「そんなの、自分で考えろ」と逃げてしまう。「新人じゃないんだから」とつづけるのは、一応、部下を立てたつもりだ。

要するに、実際には自分には理解力がないことがバレないよう、相談や質問はなかったことにしてしまっていることが多い。上司のその程度の浅知恵には、部下とて勘づく。「意外にたいしたことのない人だな」「考えることの嫌な人なのかな」などと、部下に思われていることも多いだろう。

ここは「そんなの自分で考えろ」と突き放すのではなく、自分の意見を言うのが望ましい。部下の話をきちんと聞くなり、企画書によく目を通すなりすれば、それなりのことは言えるはずだ。

「ここを数字化すれば、全体像がもっとはっきりする」「ここが売りというのは、おそらく他人には理解できないぞ」などと言えばいい。ちょっとしたヒントを与えたうえで、後は自分で考えろ」というのが、上司にとっての好ましい態度だ。

もちろん、わからなければ「わからない」と正直に言ったほうがいい。「君の言っていることは、まだ君の頭の中でも整理されていないようだ。だから、私にもわからない。もうちょっと考えて、まとめてみたら話を持って来てくれ」とでも言えばいい。

正直に「わからない」と言う上司を、部下はバカだとは思わない。むしろ、知的な誠実を感じ取ることが多い。

また、上司だってすべてがわかっているわけではない。そのことを部下にわからせるのにも、いい機会だ。

ポイント

- 「そんなの自分で考えろ」ではなく、自分で考えを部下に述べる。
- 上司は部下に対して、わからないことには「わからない」と言ったほうがいい。

「そんなこと、わかりきった話だ」

――対話を拒否した「逃げ」の日本語

上司や親がつい言ってしまう日本語に、「そんなこと、わかりきった話だろ」がある。部下が「このまま計画を進めると、ここに不備が生じる可能性が出てきます」と言ってきたとき、「そんなこと、わかりきった話じゃないか」、子どもが「1×0が、なぜ0になるの？」と尋ねてきたとき、「そんなこと、わかりきった話でしょ」といった調子だ。「そんなこと、わかりきった話だろ」は、知的な言葉には映らない。

「そんなこと、わかりきった話だろ」には、二つの用法がある。一つは、「わかりきった話」が本当に当然至極の話であり、説明するまでもない場合だ。いちいち説明するのが面倒臭いので、声を荒らげて「そんなこと、わかりきった話だろ！」と相手に言い聞かせようとする。

もう一つは、「わかりきった話」が、じつは簡単な話ではなく、じつは自分で回答を用意できそうもないケースだ。ここで自分が説明しても、うまくいかず、恥をかきかねない。恥をかきたくないからと、「そんなこと、わかりきった話だろ」と突き放し、会話を遮断してしまうのだ。

現実には後者のケースが多いのだが、後者のケースで使ったのでは、まったく知的と言えない。部下も子どもも、上司や親の「逃げ」に勘づいている。本当はどうしていいかわからないくせに、エラそうにと思っている。

前者のケースで、「そんなこと、わかりきった話だろ」というのは、しかたなくもある。とくに、子ども相手にはそうだ。子ども相手の説明のしかたには、交渉の余地のあるものと、余地のないものの二種類がある。交渉の余地のあるものとは、子どもの要求についてだ。たとえば、お小遣いの要求も交渉の余地のあるものだ。「どうして、お小遣いを値上げしてくれないの?」に対して、「そんなこと、わかりきった話だろ」は、会話を拒否した言葉であり、知的とは言えない。

一方、決まりごとに関しては、交渉の余地はない。こんなとき、いちいち説明するのが面倒臭いのなら、「そんなこと、わかりきった話だろ」を、言ってもいいだろう。

私自身も、学生相手に「そんなこと、わかりきった話じゃないか」と言うことがある。

大学のルールについて、学生にいちいち説明するよりは、「そんなこと、わかりきった話じゃないか」のほうが、インパクトがあるからだ。

たとえば、学校や会社の基本的なルールを守らない人間に対して、そのルールの由来をいちいち話してはいられない。そんな場合は、「わかりきった話じゃないか」と一喝するほうが効果的だ。

こんなケースもあるにはあるのだが、「そんなこと、わかりきった話じゃないか」は、苦し紛れの言葉にもなりやすい。ここは、「わかりきった話じゃないか」で逃げずに、まともに向き合いたい。説明できるところまでは説明し、それから先は「わからない」と答えたほうがいい。「どうだろうねえ」でもいい。いい指摘だと思ったら、「たしかに、そうだね。よく気づいたね」とほめることも、忘れないようにしたい。

ポイント

「そんなこと、わかりきった話」で逃げずに、説明できるところまで説明する。

「そのうちわかる」

――説明を回避する、こずるいイメージの日本語

「そのうちわかるよ」という言葉を、若者を相手に使っている人は多いことだろう。組織の中で生きる限り、自分の信念を貫くのは難しい。ふだん威勢のよいことを言っていても、長いものには巻かれるしかない。そうしないと波風を立てることにつながり、自分の将来が危うくなる。それを若者が見ると、あまりにふがいない。だから、非難めいたことを言う。それに対して大人は「お前だって、そのうちわかる」と口にする。

私自身、若いころは親にこの言葉を言われ、今は、若いエネルギーをぶつけてくる息子に対して、私のほうがこの言葉を口にしている。

この世の中の道理を、組織の中で生きた経験のない人間にわからせるのは難しい。経験をしてこそ、どのような板挟みの中で大人たちが生きてきたのかがわかる。「そのうちわかる」とは、「経験をしてみて、はじめて私の気持ちがわかるだろう」ということだ。

私自身、組織の中にいるので、この言葉を使う人の気持ちはよくわかる。だが、この言葉はなるべく避けたい言葉ではある。そもそも、この言葉は、とりあえず相手の非難をかわす効果しかなく、このように言われたからといって若者が納得するはずがないからだ。それに、考えてみれば、「そのうちわかるよ」と考えて長いものに巻かれているうちに、日本は軍国主義の時代になり、戦争に突入した。「そのうちわかる」と言っていたら、現状を肯定するばかりで、物事を改善する方向に向かわない。

最も好ましいのは、「そのうちわかる」で済まさないで、現状を改める方法を考えることだろう。それが難しければ、この手の質問をされたときは、損得に絡めて説明するのが一つの手法だ。

「本当はよくないことなのかもしれないけど、自分の身にとってはこちらのほうが得だから、こちらを選択したままでだ」と説明するなら、反発を招きにくい。事を荒立てずにすむ。心から納得することはないにせよ、相手も、やむをえないと考えるだろう。

ポイント

「君にも、そのうちわかるよ」ではなく、損得で説明する。

「部長がこういう考えだから」

——権威に頼りきった、部下にバカにされる日本語

上司と部下で議論になったとき、上司が部下を押さえ込むのに、よく使うセリフが、「部長がこういう考えだから」だ。あるいは、「専務がこう言っていたから」「課長の話だと……」などだ。

こう言われると、部下もさすがに何も言えなくなる。ここは引き下がらざるをえなくなるが、けっして納得したわけではない。それどころか、ときには上司には軽蔑の念を強くしているかもしれない。

「部長がこういう考えだから」は、権威に頼りすぎた言葉だからだ。

もちろん、その上司本人が部長の考えに疑問を持ちながらも、「専務がそう言っているのだから、私自身は反対なのだが、やむを得ない」というニュアンスで語っているのなら、部下も納得せざるを得ないだろう。

だが、専務や部長を絶対的な権威と見なし、権威を完全に正しいと思っていて、疑わないでいるとすれば、部下の中には不満を持つ者も多く出てくるだろう。権威の言葉について自分で考えてみようともせず、思考停止状態に陥っている。それは、知的な姿の正反対にある。部下からバカにされて、当然なのだ。

「部長がこういう考えだから」は、お追従《ついしょう》にもなっている。たとえ、そこに部長や専務がいなくても、自分が言った言葉は回り回ってその人に伝わると踏んでいる。そうなれば、忠誠を尽くす愛すべき奴と思ってもらえる。「部長がこういう考えだから」と言う人は、そんな小ずるい計算に長《た》けているのだ。その小ずるさは、部下の軽蔑の対象になっている。

「部長がこういう考え」という言葉を用いるときには、かならず自分の意見を加えることだ。

「部長は不採算部門の切り捨てに肯定的な考えなのだが、私は疑問に思っている。不採算部門にも、黒字転換の可能性がまだ残されている。ただ、部長の方針は会社の方針であって」などと自分の意見も添えれば、知的な印象を与えることができる。お追従者とも思われない。

要は、「部長がこういう考えだから」と、「だから」でつづけないことだ。「だから」からつづけば、権威の利用になりやすい。「部長はこういう考えで」「部長はこういう考えなのだが」と言って、あとをつづければ、自分の意見を添えやすいのだ。

社外であれ、「部長はこういう考えですから」式の言葉を使っていると、仕事相手から信頼を失うことになる。もちろん、知的とは思われない。専務や部長の考えを伝えるときは、かならず自分の意見も言うことだ。

ポイント

「部長がこういう考えだから」ではなく、「部長はこういう考えで」として、あとに自分の意見を添える。

「テレビでこんなこと言ってた」

――どんな情報も受け売りにする知的レベルの低い日本語

「テレビでこんなこと言ってたよ」は、人が口にしやすい言葉の一つだ。都会の若者から田舎のお年寄りまでが、話のタネに振ってくる。テレビが主要な情報源である現在の状況では、ある意味で当然なのだが、これは、あまり知的な印象は与えない。

「テレビでこんなこと言ってたよ」を連発するのは、疑うことをやめてしまった言葉といえるかもしれない。テレビ番組で「いい」と報道されたものは、何でも「いい」と思い、疑ったり、検証したりという作業をせず、テレビ番組は正しいし、ためになることを言っていると無条件に信じ込んでいる人が、ことあるごとに、「テレビでこんなこと言ってたよ」と口にする。

しかし、言うまでもないことだが、テレビ番組には知的でないもの、根拠の怪しいものも少なくない。テレビと新聞、本を同列にとらえている人も少なくないが、信頼性という点で、本や新聞に大きく劣るテレビ番組も多い。テレビの報道番組ならまだましだが、バラエティ番組になると、怪しい話がいくらでもある。

とくに、健康をテーマとする番組となると、科学的根拠の怪しいものが多くなる。これまでも、コンニャクはダイエットに効くとか、アルカリ性食品がいいとか、酢大豆がいいとか、ポリフェノールが体に効くとか、カスピ海ヨーグルトが体にいいとか、さんざん特集してきた。すべては一過性の話題でしかなく、本当に体にいいかは検証されてこなかった。せいぜい都合のいいデータのみを紹介するだけで、反論者へのデータ開示というものがなかった。しまいには、データの捏造《ねつぞう》や改ざんがなされ、健康番組の信頼は落ちてしまったが、それでも「○○が体にいい」とテレビで言うと、受け売りがはじまるのだ。

さらに、テレビ番組は個別性を無視する傾向が強い。「すべての人に効く」「すべての人がそう思っている」「これは、すべてに当てはまる」などと一律化して、主張したい部分を強調したがる。それは個別性の無視の裏返しであり、世の中にはいろいろな人がいて、いろいろな見方があることを切り捨てている。テレビの報道番組にもこの傾向があり、知的とは言えない。

根拠が怪しいことでは、ネットも同じだ。「ネットでこんなことを言っていた」と鵜呑みにして語る人もいるが、これまた知的ではない。ネットの場合、テレビより情報の根拠がわかりにくい。「ネットでの話なので、どのくらい信憑《しんぴょう》性があるかわからないが、このような話が出ていた」と語るのならともかく、ネットにあるままの情報を真実として伝えるのでは、嘘をつかまされて、それを吹聴しているバカな奴と思われかねない。

もちろん、テレビを見るのも、ネットを楽しむのも非難《ひなん》されることではない。楽しみながらも、ちょっとだけこれは本当か疑ってみる作業をすることだ。疑ってみれば、けっこういい加減な番組が多いことに気づくだろう。そうなれば、テレビの受け売りをせずにすむ。

また、テレビやネットで知った話を話題にしたいのなら、きちんとした情報源に当たってからにするほうがよい。本の場合、根拠が明示されているうえ、論理立てられていることが多いので、本から検証していった話をするのなら、知的になる。ネットの場合なら、誰それのブログに書かれていたことを明らかにする。ここで自分の意見もまじえて紹介すれば、バカにされることはない。

ポイント

- ●ニュースや報道などの情報は鵜呑みにせず、疑ってかかる。
- ●テレビやネットの話を話題にしたいのなら、本で検証してから。

「気がします」「思います」

――自信のなさがミエミエのぼかしの日本語

私がよく口にする言葉の一つに、「気がします」がある。談笑中、「そんな気がしますね」「これはそうでもない気がします」「ここは、肯定的に見ていい気がします」などと、「気がします」を連発してしまっている。あとで思うと、知的な感じがしない。ときどき言うのなら問題ないが、何度も使っていると、自信なげな印象が強くなり、言葉に説得力がこもってこないのだ。

「気がします」をつい言ってしまいがちなのは、日本人として育ったからでもある。日本は、婉曲《えんきょく》表現の文化のある国だ。ストレートな物言いは嫌われやすいが、だからといって、「気がします」と婉曲な物言いをつづけては、自信なげで、知的な感じにはならないのだ。

プライベートの会話で、「気がします」を連発しがちな人は、ときおり「思います」に代えるといい。これだけで言葉に抑揚が生まれ、自信なげな印象を払拭できる。

気をつけたいのは、ビジネスの現場に立ったときだ。職場で「生産が減っているような気がします」と言ったのでは、ビジネスマン失格だ。あるいは、「新製品がすでに出回っているように思います」も、上司からバカの烙印を押されかねない。事実に関しては、「気がします」「思います」ではなく、データを示さねばならない。データを調べたうえで、「生産が減っています」「すでに新製品が出回っています」と言うことだ。

もちろん、未来を予測したり、疑問を抱いたりしたときは、ビジネスの現場で「気がします」は許される。「このデータ、少しおかしな気がするけれど、調べてくれるか」「近い将来、輸入が増えそうな気がするが、君はどう考える?」なら、問題ない。

また、「思います」という言葉にも気をつけたい。会話の中で自分の考えを述べるときに、「思います」とするのは、しかたない話だ。問題は、文章を書くときだ。「思います」と書くと、主張自体が自信なげなイメージに映る。学生に文章を書かせると、「思います」を多用する。「思う」というのは、基本的に感情に関わる言葉だ。これではあまり知的な印象を与えない。それよりは、「考えます」のほうが知的になる。

ポイント

- ●ビジネスでデータを示すとき、「気がします」「思います」は禁句。
- ●ビジネス文書、論文で、主張をするときは「思います」ではなく、「考えます」。

「なんか〜」

——不快感を与える、ぼかした日本語

ふだんの会話を、ちょっとだけ思い出してほしい。「なんか」という言葉を、むやみにはさみこんではいないだろうか。「なんか違いますね」「なんか間違っている」は、まだいい。「なんか、おいしかった」「なんか、つまらなかった」「なんか退屈だよね」と、無意味に「なんか」をつける。「何、飲むの」と尋ねられて、「なんかコーヒー」「なんかジュース」というケースもある。

「なんか」は、もともと「なんとなく」の意味で使われていたようだが、いつしか意味をなさなくても使う言葉になっているようだ。大人が使う「えー」に近い。「えー」は「えー、本日は」「えー、ここでたいせつなのは」などと息継ぎ代わりに使うが、最近、「なんか、本日は」「なんか、ここでたいせつなのは」となっているのだ。

若者らは「なんか」を平気で使っているが、これは身内でしか通用しない言葉と思った

ほうがいい。オフィスや学校でも、「なんか」と言っていると、周囲の人に不快感を与えてしまうのだ。

オフィスや学校での「なんか」は、「なんだか」「何かが」という意味だ。「なんか違いますね」は、何かが違うということ、「なんか間違っている」は、なんだか間違っているといったことを意味する。それが常識の現場に、意味をなさない「なんか」を連発したのでは、周囲はうるさく、うとましく感じてしまう。「なんか」を言う社員は、いい目では見られないから、学生のうちに直しておきたいのだが、そうはなっていない。

私の大学の学生も、「なんか」を連発している。就職試験の模擬面接試験でも、「なんか」を使ってしまっている。さすがに模擬面接だけあって、学生たちもきちんとした言葉を使おうと緊張しているのだが、そんな緊張下にあっても、「なんか」を口にしてしまうのだ。

そんなわけで、「なんか」の連発は、直そうと思っても、一朝一夕には直らない。ふだんの会話で、「なんか」と言ったら、「しまった」と思うことからはじめたい。

ポイント

「なんか」をやたらと連発しない。

「ていうか」

——反論を避けようとする、曖昧すぎる日本語

会話の途中で、「ていうか」をはさむ人は少なくない。「つーか」「てか」という言い方もあり、もとは、すべて「というか」だ。

「ていうか」を言い換え表現として使っている人は、知的な人といえるだろう。「あの音楽は、近代的じゃないね。ていうか、近代を否定していると思う」と言うなら、言い換えになっているのだが、これを反論の前置きとして使う人がいる。

たとえば、「さっきの九州旅行の件だけど、ていうか俺、なんとなく九州の飯って好きじゃないんだよね。行くなら、東北のほうがいいね」といった具合だ。こんな「ていうか」「つーか」は知的とは言えず、卑怯な言い方でもある。

気を遣って「ていうか」「つーか」を反論のために使う人もいるかもしれない。「けれども」「いや」と言って反論すると、角が立ち、相手を不機嫌にさせそうだからと、ぼかし

た言い方をしている。

これは曖昧な言い方であり、相手を戸惑わせる。よくよく話を聞いてみると、反論を言いたかったのだとわかってくる。これでは「最初から反論を言えよ。わかりにくいじゃないか」と、相手をかえって不愉快にさせかねない。

反論を言いたいのなら、「ていうか」「てか」で態度をぼかさずに、さっさと言ったほうがいい。

「それも一案ですが、私にはひっかかりがあります」「納得できないところがあります」と言えばすむ話だ。

ポイント

「ていうか」を反論の前ふりで使うのは曖昧な言い方で、知的とは言えない。

「本当の自分」

——自信のなさを隠すための都合のいい日本語

「本当の自分」「本当の自分はあるか」「自分探し」といった言葉は、少なからず若者の好きな言葉だ。本当の自分を見つけるために、海外ボランティアへ出かけた。いまの職場には、本当の自分がない。自分探しのため、転職をする、といった話はときどき聞く。

そのような人々にとって、「本当の自分」「自分探し」は肯定的な言葉なのだろう。私は学生たちに「自分探し」について、意見を聞いたことがある。「いま、自分探しという言葉が流行っているが、それについてどう思うか」と尋ねてみた。ところが、「本当の自分を探したい」「自分探しは大事だ」「いまの自分は埋もれていて、本当の自分らしくない」といった主張がなされるばかりで、「自分探し」に疑問を示す意見はなかった。

これに、私は少し失望した。私は「自分探しはくだらない」といった意見を期待していた。たしかに若者には「自分探し」「本当の自分」は人気のある言葉なのだろう。だが、大人の世界から見れば、これは、かなり愚かで生意気な言葉に思える。

　そもそも、「本来の自分」があると思っているところが、愚かしい。若者であっても、これまで十数年は生きてきている。二〇年以上生きている者もいる。十数年は、大きな積み上げといえるだろう。十数年の間に、何度も生き方を選択して、いまの人生がある。そこまで選択してきたのに、「いまの自分は本来の自分ではない。本当の自分があるはずだ」というのは、いままでの人生の選択を否定しているようなものだ。それは、まさしく自己否定の考えとしか言いようがない。

「本当の自分探し」に憧れるのは、自分に自信がないからだ。いまの自分に自信がないから、べつの自分が欲しい。べつの自分なら自信が持てるかもしれないと、本当の自分がどこかに落ちていないかと探し回っている。そんなありもしない「自分探し」をしていては、永遠に自分に自信が持てない。自分探しをしているかぎり、自分をつくり上げていけない。

　私は「自分探し」には否定的だが、「自分づくり」はすべきだと思っている。自分というのは、どこかに落ちているものではないのだ。自分という存在は、つくるしかないのだ。自分で自分をつくり上げていくのなら、しっかりとした自分になっていく。その過程では、失敗もいくたびかあろうが、自分に自信も持てるようになる。

自分づくりは、いまからでもいくらでもできる。いまの自分も、これまでの人生で何度も選択し、自分でつくってきた自分ではないか。本気になれば、もっとたくましい自分だってつくれるし、面倒臭いのなら、ホームレスの自分だって選択していけるのだ。

海外ボランティアだって、自分づくりに行くのはいいことだ。いまの会社に不満だからといって、よその会社に本当の自分が落ちているわけではない。いまの会社でも、自分づくりはできるはずだ。

ポイント

●「本当の自分」は、どこにも落ちていないと考える。

●「自分探し」ではなく、大事なのは「自分づくり」。

「私ですか？」

――いきすぎた謙虚さのため、うっとうしい日本語

学生相手に一対一で話しているときだ。気軽なやり取りの中で「どんな音楽が好きなの？」と尋ねると、学生が「私？」「僕？」と聞き返してくる。この「私？」「僕？」は、うっとうしさを感じさせる日本語だ。

「私？」「僕？」と聞き返してくる学生は、悪気があったわけではない。むしろ、謙虚さを表そうとして、「私？」「僕？」と言っている。本人には、「私ごときにお聞きになるんですか？」、「僕なんかが答えていいのですか？」といった意識があるかもしれない。あるいは、ちょっとだけ考える間がほしくて時間稼ぎをしているのかもしれない。それが「私？」「僕？」というセリフになるのだが、言い返されたほうは戸惑ってしまう。

その場で会話しているのは、私とその学生だけだ。私が質問する相手はその学生しかいないのに、本当に自分のことか確認してくる。これには、「お前に決まっているだろう」

と辟易してしまう。
これは、大学のみの話にとどまらない。一般社会でも同じだ。上司に「あの仕事は、どうなっているのか」と尋ねられ、「私ですか？」と答えては、上司は怒りだすかもしれない。人と向かってしゃべっているとき、何かを尋ねられたなら、「私？」「僕？」で聞き返さないのがルールだ。ここはすぐに答えていい。「どんな音楽が好きなの？」なら、「J-POPです」などと答える。上司から「どうなっているのか」と尋ねられたなら、「現時点では○○です」と答えればいい。

ポイント

一対一の場面で、相手に尋ねられたなら、「私？」「僕？」と聞き返さない。

「エレメント」「ストレングス」「インセンティブ」

――カタカナ語でケムに巻く知的怠慢な日本語

最近、カタカナ用語の氾濫が気になる人は多いだろう。「コンプライアンスの遵守がプライオリティを高くし……」「インセンティブを得るためのスキームには……」といった類だ。

使っている当人は、先端を行っているつもりかもしれない。それっぽく見せたい意図もあろう。知的に威圧しようとしているのかもしれない。

実際、カタカナ用語を使う人に、話し方も堂々としていて圧倒されてしまう人がいる。下手をすると、カタカナ用語を使う人の信者になる人さえ出てくるが、知的でない人が知的でない人にひっかかったにすぎない。

カタカナ用語を使う人が知的とは言えないのは、わざわざ話をややこしくしているからだ。日本語で言えば、誰にもわかりやすいのに、わざわざカタカナ用語にして、わかりづらくしている。しゃべっているほうも、わかりづらいし、簡単な話をむずかしくしているにすぎない。

また、カタカナ用語は、身内のみでしか通用しない言葉だ。その業界のみで通じる言葉を、一般社会でも通じると思ってしゃべるのは、世間知らずであり傲慢でさえある。

「ヤバいですよ」「ムチャぶりしないでください」などと、仲間内言葉をオフィスで使ってバカにされる若者と本質的には変わらない。カタカナ用語好きの信者がいるとすれば、仲間内言葉を使って喜んでいる若者くらいのものだろう。

必要があって、就職説明会に出席して、学生を前に話す就職コンサルタントの講演を聞いたことがある。講師は「就職のためには三つのエレメントが必要で、まずはストレングス、次にコンビニエンス……」などとしゃべっていた。そのあと五つの対策を述べていたが、これまたすべてカタカナ。

「エレメント」は要素、「ストレングス」は自分の強み、「コンビニエンス」は便利だということだ。「就職のためには三つの要素が必要で、まずは自分の強み、次に便利だということ……」と言えばわかりやすいのに、わざわざカタカナで言っている。あまり英語に強くない学生の中には、「エレメント」の意味も「ストレングス」の意味もわからない人がいるのではないかと心配になった。

わかりやすさを重視せずに、カタカナ用語をしゃべっているのだから、とても優秀な就職コンサルタントとは思えなかった。

たしかにビジネス書や雑誌には、カタカナ用語が氾濫している。だが、それをまともに受け止めて、使う必要はどこにもない。

まずは、自分を知的に見せようと思ったら、自分の話をわかってもらわねばならない。そのためには、相手にわかるように話すことが大事であり、カタカナ用語を使っては、ケムに巻くことはできても、相手にわかってもらうことはできない。

ポイント

カタカナ用語を多用せず、誰にもわかる日本語に言い換える。

「いちおう、やってみます」

——責任逃れを感じさせる、ぼかしの日本語

「いちおう」「とりあえず」は、つい使ってしまう日本語の一つだ。「いちおう、やってみます」「とりあえず、そこに置いておいて」「いちおう、手は打っておきました」などと、しょっちゅう言っている人は多いはずだ。

「いちおう」「とりあえず」は、日本にある婉曲表現文化の表れでもある。「やってみました」「そこに置いておいて」「手は打っておきました」と用件だけ言ったのでは、ストレートすぎて、尊大に聞こえはしないか気になる。そこで、「いちおう」「とりあえず」を添えて、表現をぼかしているのだ。

とはいえ、「いちおう」「とりあえず」をオフィスで使うと、咎《とが》められる。「いちおう」「とりあえず」は、責任逃れや手抜きの印象のある日本語だからだ。自分の仕事に不備があっても、あらかじめこれを言っておけば逃げおおせることができるという、予防線的な意味

合いを人は感じ取ってしまう。

　上司に求められた仕事について、「いちおう、やってみました」と言ったのでは、上司は全力投球したのかつい疑ってしまう。仕事先に納入商品を届けに行ったとき、「とりあえず、そこに置いておいて」と言われたなら、自社商品がぞんざいな扱いを受けているイメージを持ってしまう。緊急事態にあって、「いちおう、手を打っておきました」と上司に報告したのでは、上司は本当に有効な手段を打ったのか疑惑の目で見てしまう。

　そう考えるなら、「いちおう」「とりあえず」を安易には使わないことだ。安易に使っていると、いい加減な人間という印象が強まりかねない。

　もっとも、「やってみました」「そこに置いておいて」「手を打っておきました」だけでは、尊大に聞こえかねない。そこで、こんな言葉を添える。「先日、指示していただいた仕事をやってみました」「そこがちょうどいいから、そこに置いておいて」「緊急に手を打っておきました」などと言えばいい。

　また、「いちおう」については、ほかにも気をつけたい使い方がある。私はセルビア出身の若いヴァイオリニストのファンクラブ会長をしているが、そのことを他人に紹介するとき、「いちおう会長をやっています」と、つい言ってしまう。

「会長をやっています」と言うのは、あまりに偉そうに感じてしまうからだ。「会長」というそうな肩書はついていても、一流企業の会長とはレベルが違う。それほどのものではないという謙虚さを表すために、「いちおう、会長をしています」と言っているのだが、考えてみれば、かえって鼻持ちならない気もする。あるいは、その会を代表する存在としては、会員に失礼かなとも思う。

だからといって、「僭越《せんえつ》ながら会長をつとめています」では、しつこい。ここは、「会長をつとめております」でいいのではないかと考えている。

ポイント

「いちおう」「とりあえず」は、安易に使わない。

「俺はいいんだよ。でも、まわりは嫌だと思うよ」

——自己弁護イメージの強いズルい日本語

後輩や部下に説教したり、たしなめたりするときだ。「俺はいいんだよ。でも、まわりは嫌だと思うよ」と言う人がいる。

「お前のその行為を皆が疎んでいるが、俺は違う。でも、皆が嫌がっているのだから、その行為はやめろ」という意味合いだ。本人は、度量のあるところを見せたいのだろうが、言われた相手が度量のある人物と見ることはない。むしろ、度量のない、ズルい人物と映るだろう。

「俺はいいんだよ。でも、まわりは嫌だと思うよ」は、自分は寛大なところを見せて安全な立場にいながら、相手から悪く思われないように配慮している。それなのに、周囲の目という虎の威を借りて、相手を非難している。言い換えれば、虎の威を悪者に仕立てて、自分の考えを押し付けようとしている。そのため、一種の卑劣さが出てしまうのだ。

もちろん、本当に後輩や部下のためを思って、いまのままで周囲の顰蹙《ひんしゅく》を買うことを心配して忠告する場合もあるだろう。だが、そんなときには、「俺はいいんだよ」という言い方はしないだろう。

後輩や部下に説教するとき、「俺はいいんだよ。でも、まわりは嫌だよ」は逆効果だ。そんなことを言わず、「君のその言い方は気をつけたほうがいい。なぜなら……」と理論立てて説教したほうがいい。最初は反発するかもしれないが、論理的に説明するなら、相手の理性が働きやすく、納得に至りやすいのだ。

ポイント

「俺はいいんだよ。でも、まわりは嫌だと思うよ」と遠回しに非難するのではなく、論理的に説明したほうがいい。

「君（あなた）のために言っている」

――他人を口実にして自分の憤懣をぶつける卑劣な日本語

説教するときに、感情的に激してくると、「君のために言っているんだ」という人がいる。「そんな言葉を使っていると、まともな仕事なんか来ないぞ。言葉遣いに注意しろと言っているのは、君のために言っているんだ」といった具合だ。本心から相手を思って言っているなら、それは説得力のある言葉にもなるが、そうでもないケースもある。

自分の相手に対する憤懣をぶつけたいとき、「君のために言っているんだ」を口実としているケースだ。「だいたい、君はいつもだらしない。服装も言葉遣いもそうだ。君がだらしないから、今回、相手を怒らせてしまったではないか。君のだらしなさは、社内でも悪評が多いぞ。少しは、改めたらどうなんだ。俺は怒って言っているんじゃないぞ。君のために言ってるんだ」。

あるいは、「君には呆れたよ。その歳になって、こんなこともできないのか。これじゃ、誰も相手してくれないぞ。少しは、ものを考えてから行動しろ。ふだんからボーッとしているからダメなんだ。いいか、これは君のためを思って言ってるんだぞ」といった類だ。

このケースでは、本音では相手のことを不快に思っている。「お前は不愉快な奴だ」とは言えないから、あれこれ相手の欠点をあげて相手を責める。あまりに責めた場合、自分が相手を不快に思っていることが伝わりやすい。そこでエクスキューズとして、「君のため」を入れるのだ。

もちろん、言われた当人は、言葉どおりに受け取らない。「そうは言いながら、俺のことを嫌っているんだろ」ぐらいには勘づく。感情的なしこりが残り、「君のために言ってるんだ」は、あとあとまで尾をひきかねない言葉なのだ。

「お前のために言ってるんだ」は、子どもに勉強を強制するときよく使う言葉でもある。ここで勉強しておくことが将来のためになると思っての発言だが、残念ながら子どもは目先のことしか考えない。「将来のため」と言われても、理解できない。親が「お前の将来のため」と言っても、空回りするだけだ。

ポイント

「君のために言っている」は、本当に部下や後輩を思っているときのみ許される。

第2章

自己チューな日本語

――物事を決めつけたり、自分の考えを押しつける

頭のよさ＝客観的に柔軟な考え方ができること。

そのため、狭い視野で決めつけた表現や、自分の価値観を強要したり自分の考えを相手に押しつける表現は、バカっぽく見えてしまう。本章では、そんな「自己チューな日本語」を紹介しよう。

「私って○○な人だから」

――自意識過剰なため、愚かに見える日本語

若者が自分を表現するとき、ときどき「私って、おっちょこちょいな人だから」「俺って、楽天的な人だから」などとしゃべっている。「私って○○な人だから」としゃべっている本人は、ちょっと悦に入った気分かもしれないが、人には愚かしく傲慢に聞こえている。

「私って○○な人だから」という言葉が不愉快に思われるのは、自分を勝手に確定させてしまっているからだ。人間というのは、不確定な存在だ。何歳になろうと、人は変わる。自分という存在は日々つくっていくものであり、確定したものではない。それなのに、「私って○○な人だから」と言ってしまったのでは、まるで自分がすでに出来上がったように映る。

「私って、おっちょこちょいだから」ならまだいい。「おっちょこちょいな人だから」と、「人」を使うと、確定感が強まってしまう。

この言葉、自分に自信のない人や自分の変化に戸惑っている人には、傲慢《ごうまん》このうえなく映る。自分というものをうまくつかめていないのに、その横で自分を確定させたふうな物言いをされると、高慢かつ自意識過剰に映ってしまうのだ。

また、少し頭のいい人からすると、「私って、おっちょこちょいな人だから」と言う人は、愚かに見える。人によっては、当人をおっちょこちょいでも何でもないと見ている。そのことを頭に入れるなら、「私って、おっちょこちょいな人だから」は自分に酔っている愚かな言葉にしか映らない。

もし自分のことを語りたいのなら、せめて「私って、○○だから」にする。もっといいのは、「私って、○○なところもあるから」だ。これなら確定感がなく、受け入れてもらいやすい。

ポイント

「私って、おっちょこちょいな人だから」ではなく、「私って、おっちょこちょいなところがあるから」。

「私って〇〇じゃないですか」

――同意を強制する自意識過剰な日本語

若者がよく口にする言葉の中で、図々しさを感じさせる言葉に、「私って、〇〇じゃないですか」がある。「私って、気が弱いじゃないですか」「私って、寂しがり屋じゃないですか」といった類だ。

本人は「じゃないですか」と言うことで、謙虚になっているつもりかもしれないが、そうは受け取ってもらえない。言われたほうは、同意を強制されているようで、嫌な感じがするし、その図々しさに辟易《へきえき》してしまう。

「私って〇〇じゃないですか」が図々しいのは、この言葉に、自分は関心を持たれて当然という意識があるからだ。「相手は自分のことをよく知っているにちがいない」という甘えと、自意識過剰がある。

よほど親しいならともかく、人は他人のことにはさして関心がない。それなのに、自分のことを知っているにちがいないと「私って、○○じゃないですか」と言う。この言葉は、他人の気持ちがわからず、社会も知らない人の言葉だ。そのことに言った本人は気づいていないから、愚かさが丸出しになってしまう。

とくに、「私って気が弱いじゃないですか」「私って寂しがり屋じゃないですか」と、「○○」にマイナスの言葉を使うと、最悪になる。マイナスの情報に同意を求めてくるのだから、いっそう愚かさが際立ってしまう。

こんな言葉を使わないようにするには、自分自身がどういう人物なのかは、当の本人以外は興味がないと思っておくことだ。もし自分の性格が気になって人に尋ねたいのなら、「私は、自分のことを気の弱い性格ではないかと思っているのですが、あなたはどう思いますか」といった言い方をしたい。

ポイント

人はそんなに他人に興味がないと知っていれば、「私って、○○じゃないですか」という言葉は出てこない。

「絶対に気に入ると思う」

——押しつけがましい困った日本語

趣味の話で盛り上がるのは楽しいものだが、ときどき場をシラけさせてしまう言葉を言ってしまう人がいる。「絶対に気に入ると思うよ」もその一つだ。「あの映画、絶対に気に入ると思うから、ぜひ見てよ」「この本、絶対気に入ると思うから、貸してあげる」などと押しつけてくる。

本人は、好意のつもりだろう。「絶対」と言うからには本人なりの確信があってのことだろうが、言われた側はありがた迷惑を感じる。価値観の多様性に目がいかず、自分の価値観を押しつけてきているのだ。これで押しつけられた代物が、自分の気に入ればまだいい。気に入らなかったとき、どう感想を言ったものか困ってしまう。そこまでの配慮ができていない言葉なのだ。

そもそも、人のすることには「絶対」というものは存在しない。それなのに「絶対」と安易言ってしまうと、どうしても知的レベルを疑われる。その程度の知的レベルの人に「絶対に気に入ると思うよ」と言われても、信用できっこない。

逆に言えば、知的レベルが低いから、押しつけが平気になるとも言えるだろう。

私自身、クラシック音楽を聴き始めたばかりの若い知り合いを相手に困ったことがある。私はクラシック音楽が好きで、CDを1万枚近く所有しているが、もちろん苦手な作曲家、嫌いな作曲家がいる。まったく評価していない作曲家ももちろんいる。

あるとき、リムスキー＝コルサコフ作曲の「シェエラザード」はつまらないと思うという話をした。すると、ある若者は、「『シェエラザード』はとてもいい曲なのでぜひ好きになってください。聴けば、絶対好きになってくれるはずです」と言い出した。

もちろん、その若者が好意で言っていることは間違いない。『シェエラザード』を聴いて感動したのだろう。その曲を嫌いだと言っている私に、「シェエラザード」を一度でも聴けば、そのよさがわかるから、好きになってほしいと思っているわけだ。

だが、私はもちろん「シェエラザード」を何度も聴いたことがある。そのうえで、やはりバッハやモーツァルトやベートーヴェンやワーグナーやブラームスなどの私の大好きな作曲家たちと比べると、音楽としてあまりに見劣りがすると評価している。その若者には、このことがわからないのだ。

自分のレベルで他人を見ることしかできない。人をシラけさせていることに、まったく気づいていない。

もちろん、自分の気に入った作品を人に紹介するのはかまわない。ただそのとき、「絶対に」と押しつけるのでなく、根拠を言って勧めればいい。

「○○を好きだったら、おそらく××にも興味が持てると思うよ」と言えば、押しつけがましさがなく、聞いてもらいやすい。

ポイント

人に何かを勧めたいときは、「絶対気に入る」ではなく、根拠を挙げる。

「よくわからないんですけど」

——人を無能呼ばわりする日本語

上司が部下に説明しているとき、最後に「よくわからないんですけど」と言う部下がいる。これは、上司を不機嫌にさせる言葉だ。

気を遣ったつもりでこのように言うこともあるだろう。上司の説明に対して本心では納得できず、反対したい。けれども「私には納得できません」と言ってしまうと、角が立ちそうだ。そこで、謙虚になったつもりで「よくわからないんですけど」という言葉を使う。そこから先、ボソボソと反論を述べるケースが多い。

あるいは本当にわからなくて、「よくわからないんですけど」ということもあるだろう。自分の能力の限界を正直に語って、謙虚さを示しているつもりかもしれない。だが、たとえそうであったとしても、相手は謙虚とは受け取らない。むしろ、無礼で自己中心的な奴と受け取る。

十分に説明したつもりなのに、相手から「よくわからないんですけど」と言われたら、「お前の説明はわかりにくい」と言われたようなものだ。無能呼ばわりされているようなもので、部下に言われると、たいていの上司はムッときているはずだ。

もし、どうしても説明に納得できず、上司に意見を言いたいのなら、おかしな遠慮はせず、「ここが、私には納得できません」と言ったほうがいい。ならば、上司も指摘された点について説明すればいいから、不快にも思わない。本当にわからないのなら、こちらの理解不足を理由にすればいい。「私の理解が不足していて、いまの話はわからないのですが」と言えば、上司はわかりやすく説明し直す気にもなるはずだ。

ポイント

- ●「よくわからないんですけど」は、「お前の説明が下手だ」と言っているようなもの。
- ●「よくわからないんですけど」ではなく、「ここが私には納得できません」。

「どこがいいのか、さっぱりわかりません」

――自分の物差しを絶対視した傲慢な日本語

映画や音楽、小説の感想を言い合っているときだ。自分からすればワケのわからない作品、あるいは自分にとって最低の作品を、相手がベタぼめしていることがある。そんなとき、「それのどこがいいのか、さっぱりわからない」「それの何がおもしろいのか、さっぱりわからない」などと言ってしまう人がいる。

本人は、つい本音を言っただけのことかもしれない。あるいは、その作品を徹底的に叩きたくて言ってしまったのだろうが、これは傲慢な言葉であり相手は反論のしようもない。「どこがいいのか、さっぱりわからない」という言葉には、「自分の物差しがすべて」という意識が露骨に表れている。人の価値観はそれぞれで、人によって見る角度も異なる。そうした他人の価値観をいっさい認めていない物言いなのだ。それに批評にもなっていないから、相手に呆《あき》れられるだけだ。

じつは、「どこがいいのか、さっぱりわかりません」という言葉は、ネット書店のレビュー（感想）欄の常套句《じょうとう》だ。売れていない本に対してならまだしも、売れている本に対しても、「どこがいいのかさっぱりわからない」と書いている人が多い。売れたということは、その本をいいと思って買った人が多くいるということだ。

「いい」と思った人が一定数いるのは事実なのに、「どこがいいのか、さっぱりわからない」と書いたのでは、自分の理解力不足を吹聴しているようなものだ。あるいは、もともと理解するつもりもなく、ただけなすのを楽しんでいるとしか思えない。

その作品を認めることができないなら、その理由を具体的に挙げればいい。これなら批評になり、相手だって反論のしようもある。

世の中は、自分の理解できるもので構成されているわけではない。自分の理解力を超える事象はいくらでもあり、その事実を受け止めるのが、謙虚な考え方だ。逆に、「どこがいいのか、さっぱりわからない」という言い方は、「自分の理解できないものは、存在すべきでない」という意識の表れにほかならない。これは傲慢で、自己中心的に映る。

ポイント

「どこがいいのか、さっぱりわからない」は、他人の価値観を認めない意識の表れ。

「意味わかんない」

——自分を低レベルにとどめる、幼児的な日本語

　大人が若者と話していてショックを受けるのが、若者から「意味わかんない」と言われたときだ。たいてい、大人が若者を諭そうとしたり、叱ったりしているときだ。「意味わかんない」と言われると、大人は二の句を継げなくなる。「意味わかんない」は、対話を拒否し、相手を冷たく攻撃した言い方なのだ。

「意味わかんない」は、ふてくされた気持ちから出た言葉だろう。大人の言っていることに反論できないし、大人をへこますほどの能力もない。まともな反論を思いつかないから、「意味わかんない」と言って逃げているのだ。「意味わかんない」を捨てゼリフにして、対話を拒否している。

「意味わかんない」と言ったほうは、会話をバッサリ断ち切り、そのときは胸がすくかもしれない。うまく切り捨てたと思っているかもしれないが、結局は自分の損になる。「意

味わかんない」は、紋切り型の言葉でしかない。

「意味わかんない」を連発していると、周囲を不快にさせ、相手にされなくなるばかりか、自分の言葉を磨くこともなければ、反論に頭を使うこともない。語彙の乏しく、頭の悪い若者のままだ。これでは、能力の高い大人になることはできない。

だいたい「意味わかんない」は、子どもがよく使う言葉だ。子どもは、自分の世界に気に入らないものがあることを許せない。そこで親に叱られたり、説教されたりしたとき、すぐに「意味わかんない」と逃げてしまうが、大人の世界では、自分の気に入らないものが数多く存在する。成長しても「意味わかんない」を言っていたのでは、精神的に子どものままだし、社会はその言葉を許してくれない。

その人が常識ある社会人になりたいのであれば、「意味わかんない」という言葉を抑え、反論したいときは反論の言葉を探すようにしたい。

ポイント

気に入らないときは「意味わかんない」ではなく、反論する。

「つまり、どういうことですか?」

——自分の理解不足を棚に上げた安逸な日本語

会話の途中で、「つまり、どういうことですか?」と聞いてくる人がいる。あるいは、「ひと言で言うとどんなことですか」と聞いてくる人もいる。このひと言は、相手をムッとさせるが、当人はそれに気づいていないようだ。

説明している人は、できるだけわかりやすく話しているつもりだ。話も短くしようとしている。それなのに、「つまり、どういうことですか?」「ひと言で言うと、どんなことですか?」と言われると、もう説明しようがない。

たしかに、下手な話をする人はいる。長々と話しても、わかりにくい話もある。そんなとき、つい「ひと言で言うと、どういうことですか?」と尋ねたくなるものだ。それが部下や同僚に対してならいい。しかし、目上の人の、しかも少し考えればわかりそうな話なのに、「ひと言で言うと、どんなことですか?」と尋ねると、相手を辟易《へきえき》させる。

「つまり、どういうことですか？」「ひと言で言うと、どんなことですか？」には、さしてものを考えず、自分がラクをしたい態度が透けて見えるのだ。自分ではわかろうとする努力をしないくせに、相手には「もっとわかりやすく話せ」と強要しているようなものだから、相手にはじつに高慢な物言いに映る。

「つまり、どういうことですか」という言い方は、テレビでよく耳にするので、それを使う人は、その影響を受けているのかもしれない。テレビでは、コメンテーターが五秒程度で話をまとめてみせることがよくある。コメンテーターは、その目の前で手早く答えを出してくれるが、これはあくまでテレビの世界の話で、一般社会ではありえない。世の中、そんなにわかりやすくはできていない。

また、テレビの世界に慣れていると、テレビから教えてもらうことが習慣になる。自分でわかろうとする努力をしなくなるが、これまた一般社会ではありえない。一般社会ではわかる努力をしないと、相手にしてもらえない。「つまり、どういうことですか？」は、わかる努力を放棄している言葉であり、相手には社会人失格に映るのだ。

「つまり、どういうことですか？」「ひと言で言うとどういうことですか？」という言葉が出かかったとき、自分がわかる努力をしてきたかを考えてみたい。

「もっと、わかりやすく言ってもらえませんか」も同じだ。本人は正直な感想を述べただけかもしれないが、自分の無知を棚に上げた雰囲気がある。わかろうとする努力が感じられず、相手を不快にさせてしまう。

この場合、どこがわからないか伝えることだ。どこがわからないかを伝えるなら、思考放棄とは見なされない。相手を不快にさせずにすむはずだ。

ポイント

「つまり、どういうことですか?」を言う前に、わかる努力をしたか考えてみる。

「○○に決まっている」

――少ない情報から無謀な決めつけをする日本語

居酒屋で話が盛り上がってくると、推理大会にもなる。殺人事件や誘拐事件が起きたとき、誰かが「犯人は、セールスマンのAというやつに決まっている」「じつは、Bちゃんの母親が犯人に決まっている」などと言いだす。これは、じつに頭の悪い日本語で、その場の知的レベルを大きく下げ、会話を虚しいものに変えていく。

居酒屋での推理談義は、少ない情報をもとにしているにすぎない。テレビを見ていたら、いかにもAという男が怪しそうだった。女性週刊誌を読んでいたら、被害者のBちゃんの母親の人相が最悪だった。その程度の少ない情報から、自分で推理したつもりになって、「犯人は○○に決まっている」と探偵気取りで言っている。本人は冴えたことを言っているつもりかもしれないが、傍《はた》から見ていると、いい加減な与太話としか言いようがない。

この類の話は、家庭でもある。私の妻も、よく「犯人は○○に決まっている」式の話をする。「あれは、母親がやったに決まっている」「第一発見者の奥さんが殺したのよ」と言いだす。

話の出所を聞けば、テレビや週刊誌のわずかな情報だ。警察にはもっとたくさんの情報が寄せられているだろう。まだわからないこと、一般には知らされていないことがたくさんあるだろう。それがわからなければ、何一つ推理することはできないはずだ。そんな中で推理しても、当事者に失礼なだけだと思うのだが、しゃべっている人はそうは思わないらしい。

推理談義を楽しみたいなら、「私は、○○さんが怪しいと思うよ」と自分なりの観察結果を言うにとどめる。さらにいいのは、ネタ元を明らかにすることだ。「テレビでは××が怪しいというイメージの報道をしていたけど、新聞報道はそうはなっていない。今回の新聞報道を読んでいくかぎり、怪しいのはむしろ発見者の○○のほうでしょう」などと言えばいい。

ポイント
「犯人は○○に決まっている」ではなく、「私は、○○さんを怪しいと思うけど」。

「みんなでやろう」

――善意を押しつける全体主義的な臭いのする日本語

「みんなでやろうよ」「みんなで行こうよ」は、学生がよく使う言葉だ。学生たちは、飲み会に行くにも、イベントを行うにも、みんなでやりたがる。それは、仲間外れをつくらないための配慮でもあり、善意でもある、といい方向に解釈しても、その一方で、「みんなでやろうよ」はうっとうしい日本語でもある。

「みんなでやろうよ」は、ときに善意の押しつけ言葉にもなる。本当はやりたくない人もいるのに、強引に誘っている。人にはそれぞれ好き好きがあるし、個人的な事情もある。みんなで何かをするのが、好きでないタイプの人もいる。「みんなでやろうよ」には、そのあたりの事情を無視した、どこか異を唱える人やわが道を行きたい人を許さない雰囲気がある。その意味で、全体主義のはじまりのような言葉でもあるのだ。

「みんなでやろうよ」と言ったあと、「俺はやめておくよ」と言う者が出てくることはある。

このとき、「残念だけれども、しかたないね」と言えれば、問題はない。寛容な気持ちからの「みんなでやろうよ」は、あっていい言葉だと思う。

問題は、「じゃあ、この日をやめて、君も参加できるこの日にしようか」といった場合だ。善意で言ったのだろうが、ここまで言われると、相手は断りにくくなる。わが道を行きたい人にとっては、強制を感じることになる。

最悪なのは、「みんなやろうとしているのに、なぜ一人だけ嫌がるんだよ」と文句を言うことだ。これは「みんなでやろう」の押しつけであり、反対を許さない態度だ。これはあまりにも不寛容であり、全体主義につながりかねない。

ポイント

嫌がる人に、「みんなでやろうとしているのに、なぜ一人だけ嫌がるんだ」と言ってはいけない。

「でも」

――会話を切断する自己中心的な日本語

人と話しているとき、疑問を持ったり、「それは違うのではないか」と思ったりすることは、よくあるものだ。このとき、すぐに「でも」と言ってしまった経験はないだろうか。「だって」や「けれども」も同じで、これは損な言い方だ。

相手の話に、疑問を持ったり、違うのではないかという意見を持ったりするのは、もちろん悪くない。思考を深めるきっかけにもなる。だが、ここですぐに「でも」「だって」と言ったのでは、会話にならない。相手には、まだ言いたいことがいくらでもあるはずなのに、「でも」は会話を切断してしまう。これでは対話にならない。対話を拒絶されたようなものだから、相手は不快に思う。「自己中心的な奴」とレッテルを貼られかねない。

自分のためにもならない。相手の話をじっくり聞くことは、一つの価値観にふれることになる。それは、自分の視野を広げてくれるのだが、すぐに「でも」と言ってしまったのでは、価値観にふれることはできない。自分の視野は、狭いままだ。

また、相手の価値観を受け入れたうえで、対話を進めていくなら、その対話は論理的で知的なものになる。相手だってしゃべっていて楽しいし、こちらの意見にも聞く耳を持ってもらいやすい。

相手の話を聞いているときは、ちょっと反論したくても、まずはじっくり聞くことだ。じっくり聞いていけば、相手の価値観がわかってくる。「でも」を言うのは、相手の話を聞いてからだ。

大事なのは、「でも」を言う前後だ。反論意見を言うのはいいが、相手の考え、価値観を否定しないことだ。反論するなら、相手の意見の材料不足を指摘する。

たとえば、「あなたの考えはわかるけれども、それを正しいと認めてもらうには、こういうデータが必要ではないですか」と反論する。これなら相手も受け入れやすいし、そのあとも感情的にならず、論理的な対話がつづく。

私は、小論文の添削指導にあたっても、このことを徹底している。生徒の意見がおかしくても、「君の意見は間違っている」と否定はしない。「君の考えはいいが、それを説得するには、こういうデータが必要だ」と教えるようにしている。

　このテクニックは、そうむずかしい話ではない。子どもがいれば、子ども相手にトレーニングできる。子どもは、すぐに「でも」「だって」を言う。私の子どももそうだったが、このとき子どもの意見を否定しないことだ。親は、子どもの意見に全面的に賛成するくらいでいい。このとき、その考えを主張するには、何が必要なのか条件を指摘してやる。「そのとおりだ。でも、そのためにはこうしなくちゃならない」と切り返す。言ってみれば、子ども相手に「交渉人」をつとめるようなものだ。

ポイント

●相手の話がおかしいと思っても、「でも」「だって」と会話を切断しないこと。
●「でも」と言う前に、相手の意見を受け入れたうえで、「その考えを主張するには、こういうデータが必要だ」と反論する。

「話は違うんだけど」

——人の話を横取りする、自己チューな日本語

私もときどき使って「しまった」と思うのが、「話は違うんだけど」だ。妻子や私が指導する学生たちの話があまりにつまらないときに、つい使ってしまうのだが、うっとうしい印象を与える言葉だ。

「話は違うんだけど」と言って、本当に違った話をするならまだいい。「話は違うんだけど」と言いながら、これまでの話と同じような話をすることがある。せいぜい、付け加え程度というケースも少なくない。これでは、「話は違う」ことにはならない。「話は違うんだけど」と言われているほうは、どんな話なのかと心の準備までしていたのに、外されてしまう。気を遣ったほうは、損をした気分になる。それどころか、話を邪魔された人間はかなり気を悪くする。

加えて、「話は違うんだけど」と言って同じような話をつづけると、相手はうんざりする。

そんなことが重なると、「話は違うんだけど」と言われただけで、「また同じ話かよ」とうっとうしがられることになる。

最悪なのは、相手が楽しそうに話をしている最中に、「話は違うんだけど」と言って、会話の主導権を奪ってしまうことだ。「話は違うんだけど」は、もともと自分に注目を向けさせるための言葉だ。相手の話の最中に、「話は違うんだけど」と言ったのでは、話を横取りしたも同然だ。相手は、内心ムッときているはずだ。

「話は違うんだけど」を言っていいのは、相手の話がひととおり終わってからだ。同じような話をつづけるのなら、「話は違うんだけど」ではなく、「いまの話で思いついたんだけど」「付け加えると」「見方を変えると」だ。

ポイント

●「話は違うんだけど」は、相手の話がひととおり終わってから。
●同じような話をつづけるときは、「付け加えると」「見方を変えると」。

「そういえば、私もこの前～」

——自慢話にしかならない、場を乱す日本語

ご婦人同士の話を聞いていると、「そういえば、私もこの前～」が乱れ飛ぶことがある。ほとんど会話になっていない。ご婦人同士の場合、納得ずみの乱発のようだから、まだいい。男女数人で会話を楽しんでいるとき、あるいは一対一で会話をしているときの「そういえば、私もこの前～」は場を乱す。相手はうんざりした気分になり、話をまともに聞いてくれないだろう。「そういえば、私もこの前～」は、あまりに自分しか見えていない言葉なのだ。

まずは、相手の話を横取りしていることが問題だ。相手は気持ちよくしゃべっているのに遮られてしまうのだから、不愉快に思わないはずがない。

加えて、「そういえば、私もこの前～」につづく話は、たいてい自慢話だ。人の自慢話ほど、つまらないものはない。そこに強引に引き込んでしまうのだから、聞かされるほう

はうんざりする。

私自身、海外旅行の団体ツアーに参加すると、「そういえば、私もこの前～」によく出くわす。この言葉の後につづくのは、どこそこへ行った自慢だ。誰かがロシアを訪れたときの話をしていると、そこに「そういえば、私もこの前～」とはさみ、つづいてイタリアに行った自慢話がはじまるといったケースだ。言った当人には、場を乱している自覚もない。みんなで楽しく会話している気になっている。

「そういえば、私もこの前～」は、基本的には使わないほうがいい言葉だ。それよりも、人の話を聞く姿勢を見せることだ。そのほうが、ずっと頭がよさそうに見え、好感をもたれる。

目安として、自分の話の割合は相手の二割くらいにとどめたい。人はどうしてもおしゃべりになりがちだから、二割と決めておけば、三割程度にとどまるはずだ。

ポイント
「そういえば、この前～」と人の話に割り込むのではなく、人の話を聞く姿勢を見せる。

第3章

距離感がわかっていない日本語

――上から目線、仲間内しか通じない言葉…

頭のよさ＝自分と世界の距離感を把握する力。

そのため、立場の強い相手や目上の人に対して人間関係を同一視すると頭が悪く感じる。仲間内にしか通じない言葉も同じだ。本章では、そんな「距離感がわかっていない日本語」を紹介しよう。

「行けたら、行きます」

——一見便利だが、実は「上から目線」の日本語

取引先から会合やイベントに誘われたとき、あるいは社内での会合やイベントに誘われたとき、つい言いがちな言葉の一つが「行けたら、行きます」だ。

もちろんあらたまった会合に、そんな言葉は使わない。公式な会合なら出席は当たり前だが、なかには縛りのゆるい会合もある。担当者同士のちょっとした情報交換会や同じ役職同士の連絡会もあれば、得意先の開くイベントといったものもある。行かなくても問題ないのだが、行ったほうが角が立たないといった会合、イベントだ。

そんな会合やイベントに誘われたとき、「行けたら、行きます」は、一見便利な言葉だ。忙しいときは、これが本音でもあろう。「行けません」と言うと角が立つが、「行けたら、行けます」と言えば、積極性を演出できる。行けなくとも勘弁してもらえると思っているだろうが、じつは人を不快にさせる言葉だ。

「行けたら、行きます」は、上から目線言葉なのだ。上司が部下の誘いに対して、「行けたら、行くよ」なら、まだいい。上司のほうが立場が上であり、上司にはほかにしなければならないことも多いからだ。

けれども、部下が上司に対して、あるいは同僚同士で「行けたら、行きます」は、相手を憤慨させる。「行けたら、行けます」は、自分だけが特別な存在であるかのような印象を与える。相手は、「皆が無理して参加しようとしているのに、何をエラそうに」と思うのだ。

最悪なのは、取引先に対してだ。取引先に「行けたら、行きます」と言ったのでは、取引先は自分たちが軽く扱われていると思う。取引先は、顔では笑っていても、内心は憤慨している。

同僚や仲間同士の飲み会でも、「行けたら、行けます」と言う人は嫌われる。皆が楽しくやろうとしているのに、一人だけ高見に立ったイメージが強いからだ。また、幹事からすれば、来るか来ないかわからない人間がいると、その分だけ気を遣わねばならず、愉快ではない。

たしかに忙しくて、つい「行けたら、行きます」を使ってしまいがちだが、ここは思いとどまることだ。ビジネスでは誘われたかぎり、「参加します」が基本だ。無理なら、「本当は行きたいのですが」と断ったのち、事情を話す。仲間同士の飲み会であれば、行くか行かないかをはっきりさせる。来るか来ないかで、幹事をイライラさせなくてすむ。

ポイント

- 「行けたら、行きます」は、立場が上の相手には使わない。
- 行けない可能性が高いのなら、「本当は行きたいのですが」と断ってから事情を話す。

「ご存知ないんですか？」

――狭い世界しか知らないのに高みに立った日本語

職場で、年配と若者が話しているとき、若者が「えっ、ご存知ないんですか？」と声をあげることがある。たいていは、流行や一部の風俗についてだ。年配が「えっ、そんなもの知らないよ」「何のこと？」と反応すると、若者はまるで鬼の首を取ったような気分になる。ふだんエラそうなことを言っているくせに、こんなことを知らないなんて後れていると半ば軽蔑し、「知らないんですか？」と言ってしまうのだ。

言った当人は上位に立ったつもりかもしれないが、相手を不快にさせているだけだ。また、愚かなやつとも思われていることも多い。

もちろん、皆が知っているべき事柄ならべつだ。ビジネスマナーや社会常識、一定の漢字の意味を知らないとなると、「知らないんですか？」は許される。知らない当人に奮起を促す意味もあるのだが、若者の「知らないんですか？」は、流行や知的でない事柄を対象にしての言葉だ。こんなことは、知らなくても恥ではない。それなのに「知らないんですか？」と言うと、大人の常識を知らないやつと思われる。「こんな瑣末《さまつ》なことを知っているのが自慢とは、呆れたね」とも思われてしまう。

じつのところ、私も娘から「えっ、知らないの？」とよく言われる。つづけて、「時代についていけないよ」とも言われる。

娘が話す歌手の話は、ほぼ一〇〇パーセント理解できない。「ゆず」の話では、それが食べ物のことではなさそうだとわかるまでにしばらくかかった。「ポルノ」（ポルノグラフィティのこと）の話では、私はいかがわしい写真を思い浮かべながら聞いていた。娘は私を無知だと思っているようだが、私に言わせれば、私を無知と思うほうが無知なのだ。

また、知的レベルの高い話題でも、「知らないの？」は品位を問われる言葉だ。「ニーチェの永劫回帰説も知らないの？」「マキアヴェリの『君主論』も知らないの？」などと言えば、たしかに相手をへこませられるかもしれない。あるいは、知的優越感に浸れるかもしれないが、知的な人間と見られることはない。

知的レベルの高い話は、えてして専門的な話題のことが多い。専門家やマニアしか知らない話はいくらでもあり、門外漢相手にそれらについて「えっ、知らないんですか？」と言っても、門外漢は知らないのが当然だ。相手は、知らなくてもいいことに対して「知らないの？」と言われて当惑する。そればかりか、わざと人の知らない専門知識を振り回して、知的ぶりたがる態度に、品性の卑しさも感じる。

相手が流行を知らないとわかったときは、「えっ、知らないんですか？」とバカにするのでなく、どんな人たちが知っている話なのか語ることだ。「いまの若い人なら、みんな知っているよ」「テレビの世界では、いま流行だよ」と言えば、相手もなるほどと思う。流行に遅れている自分にも、納得がいく。

あるいは、「すみません。知らなくていいことです。つまらないことを言いました」とフォローする手もある。

ポイント

相手が知らないことを無知と思うのではなく、どんな人たちが知っている話なのかを説明する。

「これ、流行っているんですよ」

——自分の頭の中で咀嚼しない浅薄な日本語

　中高年との会話になったとき、流行の話を挟み込みたがる若者がいる。少しは中高年に流行を教えてやろうという気になって、「これ、流行っているんですよ」と言ったりする。たとえ善意からであっても、相手は善意とは取らず、うっとうしい奴を相手にしたと思うだろう。「これ、流行っているんですよ」は、言った当人の浅薄さを感じさせる言葉だからだ。

　もちろん、言った本人が、「困ったことに、今、こんなものが流行ってるんですよ」というニュアンスで口にするのならいい。そうであれば、中高年の人々もそれほど違和感は抱かない。だが、往々にして、「これが流行っているのを知らないなんて、時代遅れですね」というニュアンスが含まれる。少なくとも、そう思われてもやむを得ないような口調で語られる。

だが、「これ、流行っているんですよ」と言われても、言われた当人は関心がないことも少なくない。それなのに、流行だから興味を持って当然のように語るところが、うっとうしく感じられるのだ。

それに、流行を安易に肯定しているように見えるところも浅薄に感じられる。そもそも、流行というのは、今では以前と同じ意味を持っていない。たしかにかつては大きな流行の波があり、多くの人がそれに合わせた時代もあった。だが嗜好が細分化された現代、大きな流行はない。細分化された狭い世界の中で、人気・不人気はあっても、それを流行とまで言っていいいか疑問だ。小さな世界で人気があるからといって、すぐに「これ、流行っているんですよ」と言うのでは、あまりに安易すぎる。

もちろん、情報に敏感になり、情報アンテナの感度を高めること自体は、悪くない。高いアンテナを張りめぐらせ、さまざまな世界の情報をキャッチしていくのはいいことだが、問題はそこから先だ。何でもかんでも情報として受け入れるだけでは、情報を本当に取り込んだことにはならない。

情報を受け入れたのち、これを取捨選択、咀嚼《そしゃく》していくことで、初めて情報は生きるし、その人に血肉化される。「これ、流行っているんですよ」と言っている人は、たいていその作業をしないままだ。だから話が上滑りで、その世界に興味のない人でも引きつけるような話ができない。そうなると、浅薄な人としか見られない。

流行について語りたいなら、まずは自分の中で情報を整理することだ。その流行の何が新しくて、どこが人を引き寄せているか、あるいは、次はどうなるのか、自分の頭で考えてみる。そこから生まれてきた自分の考えを相手に話せば、情報力のある奴と思ってもらえるだろう。

ポイント

新しい情報は自分で整理することで、「これ、流行っているんですよ」と言ってバカにされることがなくなる。

「業界から取り残されますよ」

――現状を本当に理解もしていないのに上から目線の日本語

オフィスの会議で、若手からよく出る言葉に、「こんなことをやっていたら、業界から取り残されますよ」「このままでは乗り遅れてしまいます」などがある。たいていは、血気さかんなビジネスマンの言葉であり、改革しなければいけないと焦りから出たものだろう。会社のためを思っての言葉でもあろうが、かえって反発される結果になる。傲慢な若者という印象が強くなり、オフィスで浮いてしまうことにもなる。

「業界から取り残されますよ」「このままでは乗り遅れてしまいます」という言葉は、脅しを含んでいるからだ。脅しの言葉に関しては、目上の者が目下の者に使うのは許されても、その逆はありえない。目下の者が目上の者に脅し言葉を言うのは、傲慢、かつ不遜な印象を与える。「いったい誰に向かってしゃべっているのか、わかっているのか」と、周囲から受け取られる。

加えていえば、その焦りは、生半可な知識と経験からくる焦りであることが多い。会社の古株になると、会社の実情や社会というものを若手以上に知っている。さらに、頭の中ではどんな改革が必要なのか、その構図を描いている。それらの事実を知らないで、自分だけが会社の問題点を知っていると思い込んでいる。周囲は改革を考えているのに、自分だけが改革を考えているかのような視野狭窄《きょうさく》に陥り、それが焦りとなり、傲慢な脅し言葉にまでなっているのだ。

会社の問題点に気づき、改革を考えることは、悪いことではない。改革の提案をすることも、悪くない。ただ、そのとき「取り残されます」と脅し言葉を吐かないように注意したい。

ポイント

改革を提案するとき、「このままでは会社は取り残されます」という脅し文句は使わない。

「（目上の人に対して）期待しています」

――部下が上司に言ってはいけない不遜な日本語

オフィスでは、部下が上司に多少、お追従を使うことがある。軽いお世辞なら、人間関係を円滑にもしてくれるのだが、ときどきおかしな言葉でお世辞を言い、かえって逆効果になることがある。その典型が、「期待しています」だ。

上司がこれから大仕事に取りかかるとき、部下は上司を励ます意味で言いたかったのだろう。けれども、「期待しています」は、部下が言っていいセリフではない。「期待しています」は、上下関係のある言葉だ。上司が部下に「期待しているよ」と言うのはかまわないが、その逆はない。上司に対して「期待しています」と言うのは、上司をヒラ扱いしているようなものだ。上司からすれば、常識のない部下を不快に思う。

それ以前に、部下が上司の仕事をどうこう言うのが不遜だ。たとえ励ます意味であれ、部下には上司の仕事に口をはさむ権限がないと思って間違いない。

社会人になって、このような言葉を使ってバカにされないためには、学生時代から気をつけておきたい。私も学生や予備校生から「次の本、期待しています」と言われ、注意することがある。彼らがこのまま社会人になれば、オフィスで恥をかくことになるのだ。

私に言う場合、「次の本、期待しています」ではなく、「次の本、楽しみにしています」ならば問題はない。「楽しみにしています」という表現方法を知らなかったばかりに、目上の人の不興を買ってしまうのだ。

オフィスで上司への敬意を表したいなら、仕事が終わったあと、「勉強になりました」を使うといい。上司の仕事ぶりを見て、この言葉を言うなら、上司も部下を憎からず思うはずだ。

ポイント

●上司に使う言葉は「期待しています」ではなく、「楽しみにしています」。
●上司の仕事に敬意を表したいなら、「勉強になりました」。

「(目上の人に対して)上手になりましたね」

――目上相手には厳禁の差し出がましい日本語

人をほめるのはいいことだが、何でもかんでも無条件にほめていいわけではない。ほめ言葉を贈ったつもりが、相手を怒らせることもある。とくに気をつけたいのが目上、あるいは赤の他人をほめるときだ。たとえば、部下が上司に「ｉＰａｄの使い方、上手になりましたね」とほめても、上司はいい顔をしない。「なんだ、この野郎、エラそうに」と悪感情を持たれかねない。

上司だって、その道の達人からほめられるなら嬉しい。技量の上達を評価されたからだが、ただの人からほめられても嬉しく思わない人も少なくない。親しい人間ならともかく、部外者から言われると、「俺は劣っていると思われていたのか」と、見下された気分になることもある。

部下からほめられても、同じことだ。上司によっては、「あいつは俺が新しいものが苦手だと見下している」という目で、部下を見るようになる。

　さらに言うなら、目上の人間のなかには、目下の者にいちいち評価されるのを不快に感じる人も多い。評価するのは目上の者の仕事であって、たとえ苦手な分野であれ、目下からとやかく言われるのを好まない。目下の人は、それを知っておかないと、こっぴどく怒られることがある。

　私自身、そんな経験をしている。私が三〇歳前後の頃、ある大学の女性教授と談笑していたときだ。その教授はとても知的な方だったが、自動車運転免許の実地試験に何度も落ちていた。「また、落ちちゃったのよ」と自虐ネタにもしていて、ならばと私も冗談めかして「才能ないんじゃないですか」と軽口を叩いた。

　このひと言に、教授は顔色を変えた。しばらくは口もきいてくれないほどの怒りようだった。いかに自分で才能がないと公言している分野であれ、目上の人は目下の者からあれこれ言われるのを不快に思うのだ。

ポイント

ほめるとは評価すること。目上の人相手のほめ言葉は不快に思われることもある。

「頑張ってください」

——相手への配慮を欠いた心ない日本語

「頑張ってください」「頑張れ」は、誰でも気軽に使う言葉だ。親しい者同士で、「明日の合コン、頑張れよ」「試験に向けて頑張れ」くらいなら、まったく問題ない。ただ、「頑張れ」は、周囲を見ないで使うと、自己中心的な言葉とも、心ない言葉とも受け止められる。「頑張れ」を言って逆効果になるのは、ギリギリにまで追い詰められた人に対して使ったときだ。一生懸命頑張ってきたと、自負している人についても同じだ。

極限に追い詰められた人の場合、もうこれ以上頑張りようがない。そこに「頑張れ」と言われると、「いったいどうしろというのか」と反発を買うことになる。その典型が、地震や津波の被災者だ。東日本大震災後、東北の人たちに安易に「頑張れ」と言わないようにする流れが生まれた。これも、被災者をできるだけ気遣ってのことだ。被災者に対する「頑張れ」は、被災の実情も知らない人の安易な励ましに映るのだ。

あるいは、ふだんから一生懸命頑張っている人の場合、彼の自負心や職人魂を傷つける言葉になる。多くのビジネスマンは、仕事を一生懸命にこなし、頑張っている。そこに「頑張ってください」と言うのは、「まだ頑張り方が足りない」と苦言を呈しているようなものだ。「門外漢に何がわかる」と反発を買うだけで、まったく励ましにならない。

かなり昔のことになるが、広島カープの前田智徳選手がファンから「頑張って」と声をかけられ、ファンに怒りを向けたことが新聞沙汰になった。怒る選手にも問題はあるが、前田選手の気持ちもよくわかる。前田選手はプロ野球選手の中でも格別、練習熱心なことで知られる。彼にすれば、「これ以上何を頑張れというのか」という気持ちだったのだろう。

人を励ますとき、安易に「頑張れ」と言えないとなると、心苦しく思う人もいるかもしれない。だが実際、部外者の「頑張れ」は、逆効果を生みやすい。極限にいる人に対しては、黙っておくのも一つの見識だ。何かに向かって努力をしている人に対してなら、「応援しています」と言えばいい。

ポイント

- 部外者の立場から、安易に「頑張ってください」とは言わない。
- 「頑張ってください」ではなく、「応援しています」なら問題ない。

「ヤバいですよ」

——視野が狭い混乱を招きやすい日本語

最近の若者がよく使う言葉に、「ヤバい」がある。「ヤバくないですか」「ヤバいですよ」「ヤバすぎ」などと使い方もいろいろだが、人前で使って、これほど混乱を生じさせやすい言葉もない。「ヤバい」は、いつのまにか多義的な言葉になっているからだ。

私の家でも、「ヤバい」による混乱がある。息子と娘が会話中、娘がモデル出身の女優を指して、好意的な口調で「あの人、ヤバい」と言った。それを聞いた息子は、「え、『ヤバい』ってプラスの意味で使うのか？」と驚いていた。息子と娘は一歳半しか違わないのだが、「ヤバい」の認識に差があったのだ。

もともと「ヤバい」は、「危ない」「マズい」というマイナスの意味で使われてきた。それが近年、若者の間で、「常軌を逸して素晴らしい」というプラスの意味で使われるようになった。若者が仲間内で盛り上がるのに使うのはいいが、オフィスや学校など公式の場で「ヤバい」を使うと、混乱を呼んでしまう。

それなのに、オフィスや学校で平気で「ヤバいですよ」と言う若者がいる。本人は流行に合わせたつもりかもしれないが、まずは混乱を招く。いったいどんな意味で使っているのか、相手にはわかりかねる。そのうえ、愚かで視野の狭く、自信のない奴という印象を持たれてしまう。

若者の使いがちな「ヤバい」は、広い世界では特殊な言語だ。そのことをわからずに使っているとしたら、愚かで、視野が狭い。逆に、そのことを知りながら使っていたとしたら、他人に特殊な言葉を押しつけて、共感を得ようとしていることになる。それは横暴な行為であり、見方を変えると、自信のなさの裏返しで、特殊な言葉を公の世界で言うことで喜んでいるとも言える。本人は得意な気分かもしれないが、周囲はシラけ、冷ややかな目で見ている。そのことに当人は気づいていないから、なお愚かしく見えるのだ。

もちろん、マイナスの意味の「ヤバい」も、品がなく、使わないほうがいい。私もときどき使ってしまうのだが、場の雰囲気を悪くしやすい言葉だ。

ポイント
「ヤバくないですか」は、プラスの意味でもマイナスの意味でも使わない。

「フツー」

——仲間内以外を排除した不快な日本語

「ヤバい」とともに、若者がよく使う言葉に「フツー」がある。これまた、一般人が聞いたら、その意味に戸惑う言葉であり、排他的な言葉だ。

若者に「この映画、どうだった」と聞くと、若者からはしばしば「フツー」という答えが返ってくる。だが「フツー」だけでは、その人が映画をどう受け取ったのかわからない。

若者の使いがちな「フツー」は、仲間内では、「べつに」という意味に近い。一般の世界の「悪くない」に相当するようだが、オフィスや学校では若者の仲間内言葉など知らない。そこに「フツー」という言葉を使われては、何が言いたいのかわからず、戸惑ってしまう。

自分がどう思ったのか、説明を拒否しているのだ。「フツー」という言葉には、排他的な側面が強く、それを聞く者を苛立たせる。このことに若者は気づいていないから、下手をすると広い社会で孤立してしまうのだ。

若者は、「悪くない」という言葉を知っている。にもかかわらず、「悪くない」ではなく「フッー」を使うのは、対話を面倒くさがっているからだろう。あるいは、拒否しているのかもしれない。「悪くない」と言ったからには、どう悪くないか説明しなければならない状況に追い込まれる。彼らは、それを嫌がっているのだ。

「フッー」のみならず、いまの若者の価値判断には、彼らの仲間内のみで通用する言葉が使われている。「ヤバい」＝「最高」、「フッー」＝「悪くない」、「ビミョー」＝「悪い」となる。「ヤバい」と「フッー」の間には、「いいんじゃない？」というものもある。

若者が「フッー」を平気で使っていると、社会では相手にされなくなりやすい。物事の評価を「フッー」ですませているかぎり、何がどう面白く、どこがダメなのかを自分の頭で考えることがない。これでは、論理力が育たない。大人として生きていこうと思うなら、「悪くない」と言い換えることだ。そのあと、理由を説明できれば、論理的な思考力も身についていく。

ポイント

「フッー」ではなく「悪くない」と言い換え、その説明づけを考えることで、論理力が育つ。

「○○さんがこう言って…、私がこう言って…」

——人の理解力に頼ろうとする頭の悪い日本語

その日の出来事をとりとめもなく話して、聞く者をうんざりさせる人がいる。その典型が、「○○さんがこう言って……」「私がこう言って……」の連発だ。

たとえば、「昨日、Aさんが『来月、フランス旅行に行くの。お土産《みやげ》何が欲しい？』と言ったから、私は『ええっ、いいの？　じゃあエシレのバターを頼んでいい？』って言ったら、Aさんが『いいわよ。ついでにゲランドの塩も買おうか』って言ってくれて、そうしたらBさんが、『私は香港に行く予定なの。何か欲しいものある？』と言ったので、私は『香港のお菓子なんて、いいかしら』って言ったら……」といった調子だ。

本人は面白おかしく、さも臨場感豊かにしゃべっているつもりかもしれないが、聞いているほうは、誰が何を言っているのか、さっぱりわからない。「○○さんは、『××』と言った」という直接話法の多用は、じつはむずかしく、よほどの能力がないとできない。能力もないのに、直接話法を使うから、話が混乱してしまうのだ。

落語はほとんどが直接話法からできている。「八っつぁんが、『お～い』と呼んだら、熊公が『何でえ、こんちくしょう』と返事をしたので……」などと、落語家は直接話法を多用する。彼らの直接話法は臨場感豊かだが、それは彼らが相当な話術の持ち主だからできる話だ。一般人が落語家の真似をしても、そううまくはいかない。

直接語法を多用する人は、あまり他人のことを考えない性格だ。「他人は私に関心を持っているから、私の言っていることをわかってくれるはず」という甘えさえある。けれども、人は他人にそれほどの興味がなく、他人の話は整理してもらわないと、理解しにくい。

人に話をするときは、間接話法でまとめたほうがわかりやすい。先程の例では、「昨日、AさんとBさんと話をしたんだけど、Aさんは来月フランスへ行く予定で、お土産を買ってきてくれるというのでエシレのバターを頼んだら、ゲランドの塩まで買ってきてくれるんですって。Bさんは香港へ行く予定で、お土産はお菓子を頼んだの」と言えば、すっきりする。

ポイント

人にわかりやすく伝えるには、直接話法ではなく、間接話法で。

「あるものが必要です。そのあるものとは？」

――顰蹙《ひんしゅく》を買いやすい、思わせぶりな日本語

最近、私が気になる大学生のしゃべり方の一つに、「あるものが必要です。そのあるものとは？」がある。たとえば学生が人前に立って話をするときなど、「今度の学園祭では、あるものが必要です。あるものとは？」などという。何だろうかと聞き耳を立てたら、「それは紙です」となり、すっかり拍子抜けしてしまった。もったいぶった言い方をしたくせに、あまりに単純な要求だったから、聞いて損をした気にさえなる。

このしゃべり方そのものは、必ずしも悪くない。まずは「あるものが必要です。そのあるものとは？」と言って相手の関心を引きつけたのち、「それは、オレンジの紙と黒のフェルトペン、大型クリップ、懐中電灯」と言う。これなら、言われた側も忘れにくい。

けれども、単純な話に「あるものが必要です。あるものとは？」と誘導すると、あとで反発を買いやすい。「あるものが必要です」と言われると、相手は集中を高めて聞こうと

する。そこで出てくるのがバカバカしいものだと、そんな話に集中したことが悔しくなる。「主人公ぶりやがって」といった敵意さえ抱いてしまう。

「あるものが必要です」式の誘導は、テレビの影響によるのだろう。「最近、ある製品が人気です。そのある製品とは？」「最近、都心にある動きが見られる。そのある動きとは？」などと語って、視聴者の関心を引き寄せる。その間にCMが挟まれたりする。たしかにうまい前ふりだが、テレビとてこれを乱発していると、飽きられる。しまいには、「毎度、もったいぶるわりに、つまらないものを紹介する」と嫌気すら抱かれる。一般人が安易に真似すれば、すぐにうっとうしがられるのだ。

「あるものが必要です」式の誘導は、大一番でこそ生きる。面白い話を喜んでもらいたいとき、半年に一回程度なら、けっこう効果がある。だが多用していると、聞く者はうんざりしてしまう。

「あるものが必要です」式は、めったに使わないからこそ、使ったときに生きるのだ。

ポイント

「あるものが必要です、あるものとは」式のしゃべり方は、ここ一番のときに使うにとどめる。

「あがり、お願い」

――素人が使うと恥ずかしい日本語

その業界のみで通用する日本語を、素人《しろうと》が使って悦に入っている光景はよく見かける。そのような素人の使う業界用語もときにみっともなさを感じさせる。

その典型が、飲食関係だ。寿司屋で、他の客が「ガリ、ちょうだい」「あがり、お願い」などと言うのを不快に思っている客も多い。寿司職人が「しょうが」を「ガリ」、「お茶」を「あがり」というのは、しきたりなのだろうが、客が真似するべきものではなかろう。本人は通《つう》ぶったつもりかもしれないが、その様子を滑稽に思って冷ややかに見ている人も多いだろう。

「アイスミルクティ」を「アイミティ」、「レモンスカッシュ」を「レスカ」と言うのも、同じだ。本人はバイト先で覚えたのかもしれないが、一般人は知らない業界用語でしかない。それをさも知っているからと、したり顔で使っていると、むしろ世間の狭さをアピールしかねない。

テレビ局の業界用語を使うのも、感じのいいものではない。「今度のゲックは、つまんないね」「これじゃあ、F1層の関心を買えない」などと、本人はわかった風な口をきいて楽しそうだが、聞いているほうは楽しくない。

「ゲック」というのは「月9」と書き、「月曜日の午後九時からフジテレビで放映されるドラマ番組」、「F1層」は、「二〇歳から三四歳の女性」のことを指すらしい。どちらも一般人の知らないテレビ業界用語だ。テレビに影響されやすい人は、こうした業界用語を使うことで、「業界に詳しい私」と悦に入っているのだろうが、相手には気取っているだけの人にしか映らない。また、「しっかりした自分の言葉を持てない人」という印象さえ持たれてしまう。

たとえ業界用語を知っていたとしても、仲間内以外では使うのはふさわしくないだろう。

ポイント
「あがり、お願い」ではなく、「お茶をください」。

「仕事をやらさせていただきます」

――敬語慣れしない人の言いがちな誤った日本語

敬語のみっともない使い方の一つに、「やらさせていただく」がある。「仕事をやらさせていただきます」と言って、きちんとした敬語を使った気になっている。あるいは、手紙に「手紙を出させていただきます」と書く人もいれば、「本を読まさせていただきました」と言う人もいる。これらの敬語は間違っているが、彼らはそれに気づいていない。

おそらくは、テレビの影響だろう。テレビタレントが「お仕事、やらせていただきます」としゃべっているのを聞いて、真似しているのだろう。テレビでは、上から目線からの言葉遣いが視聴者に嫌われるからと、過剰な敬語表現を使う人が少なくない。それは間違った敬語なのだが、そのことに気づいていないのだ。

「仕事をやらさせていただきます」は、「仕事をさせていただきます」でいい。「手紙を出させていただきます」は、「手紙を出させていただく」でいいし、「本を読まさせていただきました」は、「本を拝読しました」で十分だ。

「やらさせていただきます」はまだマシなほうで、学生の敬語にはもっとひどい誤りがたくさんある。自分の父の在宅を表現するとき、「お父さんが帰っていらっしゃる」と、身内に敬語を使っている学生もいる。「集会においでになりますか」と聞かれて、「八時においでになります」と、自分に尊敬語を使った学生もいた。

おかしな敬語を平気で使ってしまうのは、敬語を使い慣れていないからだ。敬語を使わないでいると、敬語が怖くなる。怖くても、社会で暮らしていれば、敬語を使わなければならない場面は、かならず出てくる。慣れない敬語を使わねばというプレッシャーから、おかしな敬語を使ってしまうのだ。

敬語を使いこなそうと思ったら、敬語を自分で覚え、使っていくことだ。仲間内でこもっていないで、いろんな大人とつきあうことで、敬語を使う機会は増えてくる。そのチャンスを生かすのだ。

ポイント

「仕事をやらさせていただきます」ではなく、「仕事をさせていただきます」。

「私のブログ、評判なんだ」

――お追従を見抜けない愚かな日本語

最近は、ビジネスマンや中小企業の経営者でも、自分のブログを持つ人が増えてきた。ブログに何かを書いたとき、反響の書き込みがあると、張り合いを感じて、もっとおもしろいものを書こうと思うものだ。だが、ブログの世界に振り回されて、言わなくてもよいことを語ってしまうこともある。

他人との雑談で、「私のブログ、評判なんだ」「俺のブログ、支持者が多いよ」などと言ってしまうのだ。「ブログのコメントで、私の仕事が絶賛されていた」「ブログのコメントに、素晴らしいと言ってくれた人物がいた」などと語る。

ブログへのコメントには、たしかに批判的なものもある。おかしなコメントもあるが、多くは肯定的なコメントだ。ブログを通して、つきあいをつづけたいと思っている人ほど、悪くは書かない。むしろ、ほめてばかりだ。とりわけ、実名を明かして、企業のある程度の地位のある人がブログを書いている場合、批判的に書くコメントはめったに寄せられない。

さらに言うと、目下の者は批判したくても、できない。いきおいコメントには、お世辞お追従が増えやすい。「俺、自分のブログで、ほめられまくっている」式の言葉は、そこのところがわかっていない。ブログの世界はべつと思っているのか、お世辞を見抜けなくなってしまっている。これは、知的とは言えない。

ブログの世界にハマっていると、もともと知的な人でも、こんな愚かな日本語を使ってしまうから、用心したい。

ポイント

「自分のブログが評判なんだ」式のブログ自慢はしない。

「そんなもんだよ」

――訳知り顔で嫌味な日本語

「そんなもんだよ」は、私もよく使う言葉なので、つい使ってしまってはときどき反省している。

とくに、学生相手によく「そんなもんだよ」を使うことが多い。学生から「手続きのために教務部へ行ったら、〇〇が必要だと言われました」という話を聞くと、「手続きなんて、そんなもんだよ」となる。あるいは、「会社の面接で落とされました」と言ってきたら、やはり「人生なんて、そんなもんだよ」と返事する。訳知り顔の言葉だと思いつつも、つい学生相手に使ってしまう。

学生や子ども相手ならまだいいが、「そんなもんだよ」「そんなもんでしょ」を目上の人に使うと、相手の怒りを買う可能性が高い。知人、同僚、夫婦相手でも、同じだ。なかでも能力に関わることで、「そんなもんだよ」を使うと、相手をムッとさせる。

たとえば「ｉＰａｄをこう操作したら、動作がスムーズになった」と知人が得意げに話したときだ。「そんなもんだよ」と答えると、相手はムッとなる。あるいは妻が「英語サイトから初めて買い物したの。やればできるものね」と言ったときだ。夫が「そんなもんだろ」で返すと、妻は面白くない。

「そんなもんだよ」は訳知り顔の言葉で、共感力に不足しているのだ。本人は「そんなもんだよ」と言って相槌《あいづち》を打っているつもりかもしれないが、言われたほうは、相手にされていないように感じる。

それればかりか、上から目線の言葉であり、言われたほうは能力の面で見下されている気になる。相手は「自分ができると思って、何を偉そうに」と反発してしまうのだ。

私自身も反省しているが、「そんなもんだよ」は目下からも反発を買いやすい。たとえ、慰めや共感のつもりで使ったとしても不興を買う。

私の娘が自動車運転免許の仮免検定試験に落ちたときだ。カーブで縁石に乗り上げて落ちたらしいのだが、このとき私は「そんなもんだよ」と答えた。私としては「運転免許の試験では一度や二度落ちるのは当たり前だから、気にするな」という意味で使ったのだが、娘は反発してきた。娘からすれば、当然うまくいくと思って受けた試験なのに、「お前の能力では落ちるのが当然」と言われたようで心外だったのだ。

「そんなもんだよ」は、便利だからつい言ってしまいやすい言葉だが、できるだけ慎みたい。それよりも、べつの言葉で共感したり、慰めたりすることだ。

「残念だったね」「これをバネにすればいいじゃないか」。反対に喜ばしいことなら、素直に「ほう、それはすごい」「やるね」などと言えば、反発されることはない。

ポイント

「そんなもんだよ」ではなく、「残念だったね」「よくやったね」を使う。

「そんなこと、わかっている」

――人を受け入れようとしない了簡の狭い日本語

私が妻を怒らせてしまう日本語の一つが、「そんなこと、わかっているよ」だ。妻はテレビか雑誌で情報を仕入れたのだろう。もちろん、その中には私の知らないこともある。そんなときには素直に聞く。だが、妻よりも私のほうがずっと知っていることもある。私だって、新聞も読み、ネットも見ている。一般の人よりもむしろさまざまな情報を得ているほうだと自負している。それなのに、ときどき妻は熱心に語りたがる。

結論だけ言ってくれればいい。それが私の知らないことであって、それに好奇心を抱けば、こちらから質問する。わかりきっていることを長々と説明されると、イライラする。そこで、つい「そんなこと、わかっているよ」と言ってしまうのだが、このひと言に妻は怒りだす。

妻が怒るのは当然かもしれない。妻はコミュニケーションを深めたくて、私にあれこれ思いついたことをしゃべっているのだ。妻にとっては話の内容にさほど意味があるのではなく、話すことそのものに意義がある。「そんなこと、わかっているよ」のひと言は、そんな妻からの働きかけを一方的に断つものだ。当人からすればバカにされたうえに、拒否されているようなもので、自分の立場がなくなってしまうのだ。

私にかぎらず、「そんなこと、わかっているよ」とつい言ってしまう人はいるだろう。人の長話、とくに身内のとりとめのない長話を聞いているときに使いがちだが、言ってしまうと相手を傷つけ、許容量の小さい人間と見られてしまう。

とりとめもない長話を聞くのは、面倒臭いことかもしれないが、これが人間関係をつくっていくことも確かだ。相手の話を聞くのも人間関係をつくっていくうえで重要なことだと思っておけば、「そんなこと、わかっているよ」と言わなくてもすむようになる。

また、「そんなこと、わかっているよ」は、おせっかいに対しても言いたくなる。おせっかいする方は、あれこれ心配でついつい口出ししてしまう。それがうっとうしく感じられ、「そんなこと、わかっているよ」とつい言ってしまうのだ。

私も、この類の「そんなこと、わかっているよ」を言っている。たとえば大学に出かけるときだ。今日提出しなければならない書類なのに、私は提出し忘れることがときどきある。そんな私の失態を知っている妻が、「書類、忘れないでね。この袋に入れたから」などと言ったときだ。私としては子ども扱いされた気になり、つい「そんなこと、わかっているよ」と言ってしまうのだ。このひと言が、妻を怒らせるのは言うまでもない。
妻は好意から、私が失態を犯さないようにと、あれこれ言っている。そこに「そんなこと、わかっているよ」と言ったのでは、妻はせっかくの好意を踏みにじられたように思う。こんなときは、言葉を選びたい。「うん、気をつけるよ」でもいいし、「そうだよね」でもいい。これなら、相手を怒らせることもないだろう。

ポイント

おせっかいをうっとうしく思っても、「そんなこと、わかっているよ」とは言わず、「うん、気をつけるよ」。

「だから、○○なんだ」

――無意識に相手を見下した、頭ごなしの日本語

子どもや部下、あるいは夫相手に、「だから、○○なのよ」という言い方をする女性がいる。

たとえば、夫が「昨日、大阪市長選挙で、橋下さんが勝ったね」と話しはじめたところ、妻が「だから、大阪はダメなのよ」と話を奪って、勝手に結論づけてしまう。あるいは、部下が「明日の会議では、反対意見も多いと思われますが」と言ったところ、上司が「だから、もっと資料を揃えとけと、言ったんだ」と、これまた相手の話をひったくって、勝手な説教や弁明をはじめる。

もちろん、女性に限らない。男性の場合は、「だから、○○なんだよ」「だから、○○なのさ」と断定する。

「だから」と言うほうは、さも「自分はわかっている」と誇示していい気になっているか

もしれないが、言われた側は「何をエラそうに」と感じてしまう。話の結論が同じなら、まだ我慢できるものの、話の結論が違えば、「いったい、何をおかしなことを言ってるんだ」という気分にさえなる。

夫は「橋下さんが勝ったね」のあと、「これからの大阪に期待したいね」と言いたかったのかもしれない。もしそうなら、「だから、大阪はダメなのよ」と言った妻にムッとくる。部下は「反対意見も多いと思われますが」のあと、「根回しを進めておきました」と言いたかったのかもしれない。そこに「だから、もっと資料を揃えとけと言ったんだ」と筋違いの説教を言われたら、内心カッとなる。

「だから」と言って話の主導権を奪う誘惑に人は駆られやすいが、ここは相手の気持ちを考えたい。まずは、相手の話を最後まで聞く。相手の話を途中で遮ってしまうと、相手が最後に何を言いたかったのかわからなくなる。相手の結論も知らないうちに、こちらの結論を言うから、会話は混乱し、ギスギスしたものになるのだ。

また、「だから」という言葉自体が、上から目線の言葉になりかねない。親が子どもの失敗や不始末に気づいたとき、「だから、言ったでしょ」と叱る。あるいは、部下の失敗に対して、上司が「だから、言ったじゃないか」と説教する。「だから」は、自分よりも知的に劣っていると見なした人に対して使う、上から目線言葉なのだ。

親や上司にすれば、本当に言ったかどうかの記憶はさだかではない。子どもや部下の失敗くらい、経験上あれこれ想定できるから、本人は以前に注意したつもりになっているが、そうなっていないことも多い。そこに「だから」と頭ごなしに説教を受けたのでは、子どもや部下は反発し、聞く耳を持ちにくいのだ。

「だから」と言いそうになったら、「だから」が上から目線の反発を買いやすい言葉であると、思い出す必要があるだろう。

ポイント

●相手の話を最後まで聞くようにすれば、「だから」は言わなくてすむ。
●「だから」は、上から目線の反発を買いやすい言葉と知っておく。

第4章

ワンパターンな日本語

――語彙が貧困で、物事をひとくくりにする

頭のよさ＝言葉をうまくあやつる力。

そのため、語彙が貧困で、物事を「一律化（パターン化）」した紋切り型の表現は、頭を使ってない感じがして、知的に見えない。本章では、そんな「ワンパターンな日本語」を紹介しよう。

「いまの若者は」「○○人は」

――個別性を無視した差別につながりやすい日本語

中高年がよく口にする、周囲をげんなりさせる言葉に「いまの若者は」がある。「いまの若者はひよわだから」「いまの若者は礼儀を知らないから」といった類だ。「いまの若者は」式の言葉はワンパターンであるうえ、先入観による決めつけ言葉だ。

実際には、「いまの若者」をひとくくりにはできない。若者といっても、それぞれに個性がある。ひよわな若者もいれば、頑丈な若者だっている。礼儀正しい若者もいれば、礼儀知らずもいる。その個別性を無視した言い方が、「いまの若者は」なのだ。個別性を無視した先入観による決めつけは、愚かしいうえに、差別にもつながりやすい。

「いまの若者は」式の言い方は、ほかにもいろいろある。「いまどきの女は」「アメリカ人は」「中国人は」「韓国人は」などさまざまだ。「イタリア人って、いい加減だから」「アメリカ人はマクドナルドばかり食べて味音痴だから」「韓国人はあけすけにものを言うから」

などといった決めつけは、面白くはある。たしかに国民性のようなものはあって、その国民の少なからずが持っている性質のようなものはあるだろう。同じ国民であっても、そんな性質を持っていない人もいるのだが、「イタリア人は」式の言葉はつい周囲も受け入れてしまいやすい。それがいつしか決めつけとなり、やがて先入観による差別につながりやすいのだ。

このことで、私も少し前に反省することがあった。私の大学には中国人留学生がいるが、なかにはいわゆる中国人的な特性を持っている学生もいる。教師に対しても遠慮なくずけずけとものを言う。私が韓国人の先生と、その学生について話していたときだ。つい「あの子は中国人だから」式の言い方をしたところ、韓国人の先生にこう言われた。「たしかにそのとおりですが、いま私が思ったのは、私が何かをしたとき、きっと『韓国人は』と言われるだろうな、ということです。気をつけねばなりませんね」。

私の発言は、私自身、その先生を「韓国人だから」という目で見かねない人間だと言っているようなものだ。その人を個人として見ず、「中国人」「韓国人」という固定化された見方をしており、それが人を傷つける結果にもなってしまうのだ。

私の妻も、「○○人は」式の言葉をよく使っている。典型がテレビで韓国のきれいな女優を見るたびに、「この人、きっと整形よ」と口にする。たしかに韓国美女には整形が多いといわれるが、だからといって、すべての美人女優が整形手術を受けているわけではない。だが、妻には「韓国の美人＝整形」という先入観があり、無条件に口にしてしまうのだろう。

人は、「いまの若者は」式の先入観を持ちやすい。だからといって、気軽に口にしていいものではない。言えば愚かに映るだけであり、先入観による決めつけには気をつけたい。

ポイント

「いまの若者は」「○○人は」などと口にしそうになったら、先入観からの決めつけでないか疑ってみる。

「幕末の志士たちは…」

——別の時代をひとくくりにした滑稽な日本語

中年男性の会話でよく登場する言葉に、「幕末の志士たちは」式のものがある。「幕末の志士たちが前人未到の改革をやったように、いまの日本にも改革が必要だ」「坂本龍馬のような若者はいないのか」といった調子だ。戦国時代の話も出てくる。「信長のような改革者が、いまの日本にはいない」「日本には、野武士のような人材が必要なんだ」となる。

もちろん、居酒屋談義で盛り上がるのなら、まったく問題ない。だが、結構大真面目で部下に説教したり、社内報に書いたりしている人も少なくない。本人らは時代を悲憤慷慨《ひふんこうがい》し正論を述べているつもりかもしれないが、聞いているほうは、みっともない言葉に思える。ある種のロマンチシズムに酔っていて、自分が幕末の大立者か何かになったかのようだ。

そもそも、現代と幕末や戦国時代をひとくくりにすることが、おかしい。現代の価値観と、幕末の価値観は違うし、戦国期のそれとも異なる。もちろん、政治状況、経済状況も根本的に異なる。それなのに、幕末や戦国期を一つの基準として現代を語ると、ちぐはぐなことになる。「幕末の志士たちは」と語る当人らは、そのことを無視している。

また、歴史学と歴史小説は違う。多くの人々の語る「幕末の志士」は、ほとんどが歴史小説の人物であり、それはファンタジーでしかない。ファンタジーから、現代を批判すると、滑稽にしか映らない。

もちろん、当時の政治経済状況が現在と異なることを踏まえたうえで、知的にアプローチして語るなら、話はべつだ。志士の一人ひとりを普遍化はできないにしても、尊皇攘夷派、公武合体派などの争いは、普遍化できる。そこから話を進めれば知的な会話になり、現代に当てはめることも多少は可能だろう。あるいは、ある作家の描いた幕末の志士像をどう評価するか、その作家の歴史観はどのようなものであるかについて語るのも、多くの人の知的好奇心をくすぐるだろう。

だがそのようなことを語るには、歴史小説を数冊読んで、それを鵜呑みにするだけでできる作業ではない。軽々しく「幕末の志士は」と言って、笑い物にされないようにしたい。

ポイント

「幕末の志士は」式の話をする余裕があれば、もっと歴史書を読んだほうがいい。

「政治家は自分のことしか考えていない」

——わかりきった紋切り型表現の日本語

景気が悪いとき、「政治家は自分のことしか考えていない」は、つい使ってしまう言葉だ。
「政治家が悪い」「官僚が悪い」など、この類の言葉は多い。居酒屋でも大学生のレポートでも、「政治家や役人は自分たちの利益しか考えていない」という言葉が繰り返されている。
もちろん、「政治家が悪い」「官僚は自分のことしか考えていない」というのは、一面の
真実ではあるだろう。本人は憤懣《ふんまん》を言葉にしたのだろうが、これを言うだけでは、ずいぶ
んと陳腐で薄っぺらな人間に見られてしまう。
「政治家は自分のことしか考えていない」式の表現は、あまりに紋切り型だからだ。皆が
言っていることであり、わかりきったことだ。そんなありきたりなことを口にすれば、陳
腐な発言にしか映らない。
政治家であれ、官僚であれ、すべてをひとくくりにはできない。いい政治家もいれば、

悪い政治家もいる。役人の場合、いい役人のほうが多いくらいかもしれない。それなのに、ひとくくりにして「政治家が悪い」「役人が悪い」と言うのは、あまりに乱暴だ。テレビのコメンテーターがしばしばそのようなことを口にするので、それをもっと単純化して語っているのだろう。かりに政治家批判をするにしろ、自分の言葉で言っていないから、単純すぎ、陳腐なのだ。

「政治家が悪い」と言いたいのなら、なぜ悪いのかを自分の言葉でしゃべることだ。そこを語らないと、言葉に説得力は生まれてこない。

「いまの政治家が悪いのは、有権者に甘い言葉しか言えないことだ。有権者は甘い言葉をささやく政治家に弱く、このため劇薬を使おうとする政治家の居場所がない」とでも言えば、聞いてもらえる。

ポイント

「政治家は自分のことしか考えていない」と言いたいなら、そうなった理由を語る。

「日本人の心のふるさと」

――日本人を一律化した、あまりに陳腐な日本語

歳《とし》をとってくると、やたらと「日本」「日本人」を意識する人がいる。もちろん日本を愛することはいいのだが、つい「日本人の心のふるさと」式の言葉を言いはじめると問題だ。「演歌は日本人の心のふるさとだよ」にはじまって、「日本人の心のふるさとは、奈良にある」「俳句こそが日本人の心のふるさと」などと言いだす。本人は共感を得ようと得たくてしゃべっているのだろうが、周囲は共感しない。むしろ辟易する。

「日本人の心のふるさと」は、あまりに陳腐な表現だからだ。何十年もまえから使い古された表現であり、幼稚な言葉とさえいえる。

加えて、「日本人の」と一律化するのは、押しつけがましい。日本人だって、いろいろなタイプがいる。日本人の精神のルーツが同じであるはずがないのに、さも同じであるかのようにしゃべっている。そこに厚かましさを感じるのだ。

もう一つ、「心のふるさと」という言葉にも疑問を感じる。たしかに「ふるさと」を愛するのはいいことなのだが、「心のふるさと」「ふるさと」という言葉を振り回すのには、個人的に嫌悪感を覚える。それは、『故郷《ふるさと》』という唱歌からくるものなのかもしれない。『故郷』で歌われる情景はありもしないものであり、幻想でしかない。そこに憧れを持つことは、ないものねだりをしているようなものだ。

また、『故郷』のメロディと詞はジメジメベタベタしている印象が強い。その湿った感覚がいいという人もいるだろう。東日本大震災後、コンサートの終わりにみんなで『故郷』を合唱する光景が増えた。そこから「ふるさと」「心のふるさと」という日本語も万人に迎え入れられると思っている人もいるだろうが、私のように『故郷』という曲を好まない者だっている。「心のふるさと」「ふるさと」には、そのような、ある種の押しつけが付きまとう。

演歌なり俳句なりが好きで、誰かに語りたいのなら、それを日本人の共通の好みとして語らないことだ。「私は演歌が好きで、昔は……」としゃべるなら、聞いてもらいやすい。

ポイント

「演歌は日本人の心のふるさと」ではなく、「私は演歌が好きだ」と言えばいい。

「これだから、日本人はダメなんだ」

——外国を権威だと思っている優越感丸出しの日本語

日本で大きな事故が起きたり、日本の会社が不祥事をしでかしたときだ。「これだから、日本人はダメなんだ」という人がいる。あるいは、海外旅行から帰ってきた人が、日本人の旅行マナーの悪さを挙げ、「これだから、日本人はダメなんだ」と言うこともある。本人は知的に響く言葉と思って使っているのかもしれないが、まったく知的ではない。おかしな優越感丸出しの日本語だ。

「これだから、日本人はダメなんだ」という人は、日本に住み、日本人であることの恩恵に浴しながら、半ば日本の外側にいるという意識を持っている。日本には住んでいるのだけれども、意識は日本を超越したところにあると、自分では思っている。

そんな人々は、欧米こそが権威だと思っている。欧米文化に親しんでいて、欧米文化が日本文化より上にあると思っている。そして、半ば欧米人になったつもりで、「これだから」

と日本人をこきおろし、優越感に浸っているのだ。

けれども、欧米文化が日本文化よりすぐれているというのは、一面的な見方にすぎない。そんな一面的見方から欧米を権威とするのは、知的とは言えないし、また権威にすがりながら人を批判するのも、知的とはいえない。むしろ卑屈といっていい。さらに人をこきおろすことで、優越感に浸ろうとする考えそのものが、卑しい。

じつのところ、私の周囲でも「これだから、日本人はダメだよ」「これだから、日本人は嫌だね」などと言う人は多い。かつて私はフランス文学を学んだので、私自身もフランス文学とその文化にかぶれていた。フランス文学にかぶれるほどに、日本人は薄っぺらに見えて、つい「これだから、日本人は」と言ってしまったものだ。だが、たとえ内輪での談笑であれ、この言葉は他者を貶《おとし》めて優越感に浸るものであり、知的な談笑にはならない。

また、「これだから、日本人は」と、日本人をひとくくりにする手法も知的とはいえない。日本人だって、いろいろいる。いま、私はかつてのヨーロッパかぶれの自分を反省して、心からそう思っている。

ポイント
「これだから、日本人はダメなんだ」は、たとえ内輪での談笑でも言わない。

「弱者の立場に立って考えたら」

――正論すぎて反論を封じ込めてしまう日本語

議論の最中、「弱者の立場に立って、考えてみてください」と言う人がいる。「弱者の立場に立って考えましょう」「弱者の立場に立って見直さなければ」といった類だ。これが文句のつけようのない正論だということは言うまでもない。

たしかに、言われたほうは「そうだよね。私はちょっと傲慢だったかな」「私の意見には、その視点が落ちていたかもしれない」などといった言葉を返すだろう。そして、実際、弱者の立場をとっていなかった自分を反省するだろう。だが、そのようなことを言われると、周囲の人間は、あまり愉快な気分にならない。

「弱者の立場に立って考えたら」式の日本語は、相手の反論を拒否している。こう言われると、誰も反論できない。多くの人は、弱者をほったらかしにしていいわけがないと思っている。言うまでもないことだが、弱者の立場でものを考えてみることは絶対に大事なことだ。強者中心の社会を改めることは大事なことだ。自分を知的と思っている人ほど、そう思っている。

そのため、誰かが「弱者のため」をふりかざすと、面と向かって反論ができない。交渉ごとであれ、「弱者のため」を理由にされると、つい譲歩してしまう。「弱者の立場」と言った側は、つねに主導権をとって、反論を封じ込めることができる。

「弱者の立場に立って考えたら」と言われると、そこから先は、議論にならない。皆が頭を使い、よりいいアイデアを出そうという努力もしなくなる。この言葉は、人の頭を悪くする日本語でさえあるといえる。

「弱者の立場」と同じような日本語は、ほかにもある。「人間の命」「差別をなくそう」「国際交流」などが、そうだ。「国際交流を視野に入れて考えたら」と言われると、これまた反論ができない。たしかに国際交流は大事だが、現実にはそんな簡単な話ではない。国際交流どころか戦争の選択さえあるのだが、それは反論として言いにくい。あまりの正論、あまりのきれいごとを議論の場では切り札として使わないように気をつける必要がある。

ポイント

「弱者の立場に立って考えたら」を議論の切り札にしない。

「地球環境のために」

――パターン化した主張を生みやすい安易な日本語

「弱者の立場に立って考えたら」に近い言葉の一つに、「地球環境のために」がある。「地球環境のために、割り箸を使わないでマイ箸を持ちましょう」「地球環境のために、ゴミの分別は徹底させなくちゃ」「ハイブリッド車は、地球環境にいいんだよね」などと言って、それを自分の生き方の指針にしている人もいるだろう。

もちろん、そのようなライフスタイルを貫くのは立派なことだ。そして、そのような人が自分の考え方を啓蒙しようとする気持ちもよくわかる。私自身もハイブリット車を愛車にしている。しかし、それがいきすぎると、嫌悪感を持たれる恐れがある。

「地球環境のために」を、他人に向けて使うと、今度は押しつけがましさが強くなる。「君のやっていることは、地球環境のためになっていない」「少しは地球環境のことを考えたことがあるのか」などと言えば、相手は反論しにくい。「地球環境」は反論しにくい言葉であり、言われたほうは黙るしかない。正義を押しつけられたように感じ、不快感が残るだけだ。

また、「地球環境のために」は、ひとりよがりなイメージのする言葉でもある。「地球環境」を本気で言うなら、よほど詳しいデータが必要となるが、この言葉をよく使う人はそんな作業をしていない。雑誌かテレビの受け売りで、わずかのデータをもとにしゃべっている場合が多いようだ。

地球環境について、少し学んでいくと、安易に「地球環境」の話はできなくなる。ひところダイオキシンの恐怖が叫ばれ、ダイオキシンを発生させるからと焚き火も禁じられたほどだった。そのダイオキシンの害毒は実際以上に過大に評価されていることがわかり、近年、地方自治体によっては焚き火には何も言わなくなった。分別ゴミにしろ、近年いかに意味をなさないかが指摘されるようになり、自治体によってはこれまたゴミの分別をおざっぱなものにしてしまった。

「地球にやさしい」と言われたハイブリッド車や電気自動車にしろ、将来の評価はどうなるかわかったものではない。ハイブリッド車や電気自動車の電気も、貴重な資源を使用したり、原発の発電をアテにしたりした面がないとはいえない。原発なら地球温暖化ガスを発生させないから、これらはクリーンエネルギー車だといわれてきた。

それが福島の原発事故以後、原発破壊による放射能汚染がいわれるようになると、原発による電気はクリーンエネルギーと見なされなくなった。火力発電による電気を得ても、それは地球温暖化ガスの発生につながり、ハイブリッド車や電気自動車が本当に地球環境のためになっているか、むずかしいところだ。そもそも地球温暖化ガス自体が、地球温暖化につながっているか、そこもいま問われはじめている。

そこまで見ていくと、「地球環境のために」は、一つ間違うと、自己満足したい人のひとりよがりな言葉になってしまう危うさを持っている。この言葉はあまり安易に用いるべきではない。

ポイント

「地球環境のために」は、よほど検証しないかぎり、使わない。

「もっと泥まみれにならなきゃダメだ」

――頭を使っていない根性主義の日本語

「もっと泥まみれにならなきゃダメだ」は、いわゆる体育会系の言葉であり、昔からビジネスの世界で使われてきた言葉だ。

たしかに、仕事にはきれいごとではすまない面がある。だから、地べたに頭をくっつけ、土下座してでも、仕事を取って来いと言っているのだ。まだ青い部下を奮起させるために言っているかもしれないが、じつに野蛮《やばん》な言葉だ。

「もっと泥まみれにならなきゃダメだ」は、根性主義に洗脳された言葉だといえるだろう。

たしかに、人間には根性も大切だ。ここ一番ではある程度無理をしなければならないが、無理は長くはつづかない。無理をつづけていると、仕事は非効率に陥る。根性主義は一瞬だけ成果を伸ばせても、あとがつづかず、結果を出せない。結果を出せないからといって、さらに根性主義に走れば、愚行としか言えない。根性主義をふりかざす人は、そのことに気づいていない。

さらに根性主義の人は、根性以外での物事の打開方法を知らない。状況を変えていくには、さまざまな手法があるのに、根性主義の人は根性に頼りきりだ。だから、状況を変えていくことができない。

また、「もっと泥まみれにならなきゃダメだ」は、古い価値観に染まってしまった言葉でもある。

古い価値観の一つが、「男は、恰好ばかり気にしているようではダメだ」というものだ。いまの若者の多くは身だしなみに気を遣い、こざっぱりしている。上司はその姿を外面ばかり気にしている奴と見なして、もっと泥まみれになれと言っているのだ。

けれども、いまどきは外見も大切だ。人は、きちんとした身だしなみの人物を信用しようとする。いまのビジネスでは、外見に注意を払うのも大切なのに、「もっと泥まみれにならなきゃダメだ」と言う上司は、現実を無視している。古い価値観にとらわれ、頭がカタくなってしまっている。

同じような言葉に、「一日百件まわってこい」というものもある。

たしかに右肩上がりの時代には〝数打ちゃ当たる〟という部分があった。その成功体験に縛られ、いまでも通用すると思っている。これまた、古い価値観と根性主義に毒されてしまった言葉だ。

いまのビジネスは、情報戦にほかならない。頭を使って、いかに情報戦で優位に立つかだ。そこには、根性も古い価値観も要らない。「もっと泥まみれにならなきゃダメ」と言いたくても、ここは我慢する。部下相手には「もっと頭を使え」だ。もちろん、上司ももっと頭を使い、知的なイメージを漂わせたい。

ポイント

「もっと泥まみれにならなきゃダメだ」ではなく、「もっと頭を使え」。

「こういうタイプ、好みでしょ」

――人の好みを一律化した日本語

テレビを見ながら雑談をしているときなど、タレントを指さして、「こういうタイプ、好きなんでしょ」と言ってくる人がいる。本人は場を盛り上げるために言っているつもりだろうが、言われて困惑する人も少なくない。「こういうタイプ、好きなんでしょ」という言葉が、あまりに物事をひとくくりにしようとする質問だからだ。

私自身、学生相手の飲み会でよく学生から「先生、こういうタイプ好きなんですか?」と聞かれる。私は当惑するしかなく、バカな質問だと思ってしまう。

人をタイプ別に分けること自体が、大変乱暴なのだ。人の個性はいろいろあり、簡単にタイプに分けられるものではない。好みについても、人それぞれだ。同じ人をいいなと思っても、魅力的と思った箇所は、人それぞれに違うのだ。男女の好みを言う場合、顔であることが多いが、顔以外で判断する人もいる。「こういうタイプ、好きなんでしょ」は、そうした人の個性や見方を無視した言葉であり、物事を一律化しようとする言葉なのだ。

　また、ある人物が好みだとして、それを普遍化したタイプにするのも、乱暴だ。たとえば、私が「マリリン・モンローが好きだ」と言うと、「じゃあ、グラマー・タイプが好みなんですね」と言ってくる人がいる。私はモンローを好きでも、グラマー好きではない。モンローという一人の女優の個性が好きなだけだ。それなのに、「グラマー好き」と言われるのは心外だ。

　また、私はオードリー・ヘプバーンも好きだが、だからといって、「スリム好き」なわけではない。ヘプバーンにしろ、役者としての個性が好きなだけで、そこから「スリム好きでしょ」「知的なタイプが好みなんですね」などと言われたくない。そんな言葉は、相手の考え方、価値観を知ろうともしない愚かな言葉だ。

　「こういうタイプ、好みでしょ」は愚かな質問であり、言わないほうがいい。尋ねるのなら、「この人のどこが好みなの?」だ。これは、人の個性や好みを認めた言い方であり、受け入れられやすい。

ポイント

「こういうタイプ、好みでしょ」ではなく、「この人のどこが好みなの?」と聞く。

「まじっすか」

――語彙《ごい》貧困で幼稚な日本語

学生、とくに男子学生がよく使う言葉に、「まじっすか」がある。「えっ、本当ですか」「えっ、そんなことを」といった意味だ。多くは悪気があって言っているわけではないのだが、バカっぽい印象を与える言葉だ。

仲間内で話すときは、「まじっすか」ではなく、「まじ?」になる。一種の驚きの表現であり、これが目上の人相手になると、「まじっすか」となるのだ。「すか」は「ですか」の略であり、これは敬意を込めての言葉かもしれない。だが「まじっすか」は、オフィスや大学では通用しない。まずは、意味が通じないことが多い。仲間内では通じていても、大人の世界には通じない。

加えて、「まじっすか」という言葉自体が、あまりに軽い。こんな言葉を使っていると、愚かしい印象しか持たれないのに、それを口にする人々にはそれがわかっていない。

また、「まじっすか」には、拒否の気持ちが込められていることもある。「できません」とは言えず、子どもっぽい言葉で代用させていて、これまた幼稚でしかない。

もっとも、謙虚な意味で使う人もいる。「私ごときに、こんな仕事をさせてもらっていいんですか」「俺なんかを抜擢していいんですか」といった喜びの表現としての「まじっすか」だ。たとえ喜びの表現だったとしても、やはり幼稚な印象は拭えない。

疑問を感じたり、驚いたとき、「まじっすか」は使わないようにしたい。「ここが、疑問です」「驚きました」と言えば、すむ話なのだ。

ポイント

「まじっすか」ではなく、「ここが疑問です」「驚きました」。

「ソッコー」

――ノリに浮かせられた、手抜き感のある日本語

若いビジネスマンがよく口にする言葉に、「ソッコー、終わらせちゃいましょう」がある。「ソッコーでやっつけて」「ソッコー、すませちまえ」などとも使う。「ソッコー」は、「すぐに」という意味で、「速攻」「速効」「即効」といった漢字のイメージから生まれたカタカナ言葉だ。本人はノリをよくしたつもりで言っているのだろうが、安易で安直なイメージのある言葉だ。

「ソッコー」という言葉と仕事が絡んでくると、突貫工事で手抜き仕事を認めているという印象が強くなるのだ。実際、そんなに簡単に終わらせることができる仕事は、そうはない。もちろん速さも必要だが、一つひとつを丁寧に仕上げていかないことには、まともな仕事にはならない。いくらノリがいい言葉だからといって、「ソッコー」と言うと、やっつけ仕事を認めているかに映る。仕事に対する真剣さが感じられず、ビジネス相手として

危うい気さえしてしまうのだ。

とくに問題なのは、上司や先輩からこう言われた若いビジネスマンが、言葉どおりに受け止めることだ。ここはパッパと仕事をすませてしまえばいいと、やっつけ仕事を覚えようものなら、自分のためにならない。

「ソッコー」と同じ意味でマズいのが、「とっとと」だ。「とっとと仕事を片づけてしまいましょう」「とっとと終えて、帰りましょう」などと言う人がいるが、これまた手抜きを認めている印象が否めない。

かりに仕事を早く終える必要があっても、「ソッコー」「とっとと」は、不適切な言葉なのだ。

ポイント

「ソッコー」「とっとと」は、部下や後輩の前で言わない。

「かわいいー」

——ワンパターンで退屈な日本語

「かわいいー」は、若い女性が連発している言葉の一つだ。私の家でも、大学を卒業したばかりの娘が連発している。ものをほめるときも「かわいいー」、テレビを見ていても「かわいいー」だ。服や携帯電話、電化製品、家庭用品などを買う基準も、「かわいいから」となる。

若い女性相手の商売も、「かわいい」の連発だ。ある女性は、洋服を買いに行った際、クールな感じの服を選んだつもりなのに、女性店員から「かわいいですね、よく似合いますよ」とほめられて、どう対応したものか困ったそうだ。

「かわいいー」を連発する本人らは、「かわいいー」と言うことで、楽しんでいるのかもしれない。「かわいいー」は、仲間内で楽しく固まるには重宝な言葉とも思う。「かわいいー」とほめてさえおけば、無難にやり過ごせると思っている人もいるようだ。「かわいい」

という日本語は、世界で使われはじめているともいうが、だからといって「かわいい」の連発が好感をもたれるとはならない。「かわいい」を連発する女性は、周囲からは頭の悪い女性に映っている。

「かわいいー」の連発は、あまりに幼稚なうえ、ワンパターンだからだ。ほめ言葉には、「かわいい」以外にもいろいろある。「美しい」「粋だ」「素敵ですね」「エレガントだ」「上品だ」「シックだ」「ときめくものがある」「ここちよい」など、さまざまな語彙《ごい》があるのに、使おうとしない。語彙の豊富な大人からすれば、「かわいい」の連発はおそろしくワンパターンで退屈に見えるのだ。

ほめ言葉に「かわいい」としか言えなくなってくると、他人を怒らせることにもなる。上司に「課長、かわいいー」、年上の女性に「かわいいですね」と言うのは、本人はほめたつもりかもしれないが、相手はそう受け止めない。上から目線の不遜な女性にさえ受け取られかねない。

もともと「かわいい」は、子ども相手に使う言葉だ。目下の者相手に使う言葉であって、目上の者に使っていい言葉ではない。「かわいい」を連発していると、そんなこともわからなくなり、相手を不快にさせてしまいかねない。とくに「課長、かわいい」は、上司をなめているとしか映らない。

若い女性のワンパターン言葉が「かわいい」なら、若い男性のワンパターン言葉が「スゲー」だ。テレビを見ていても、何かをほめるときも、すべて「スゲー」だ。これまた、語彙の豊富な大人からすれば、バカな男にしか映らない。まともな女性からも、相手にされなくなる。

「かわいい」を連発する女性、「スゲー」を連発する男性、ともに口にする前に「他にいい言葉はないかな」と考えてみてはどうだろう。ここは「エレガント」と言ったほうがいい、「パワフル」とほめたほうがいいと、気づいていくはずだ。語彙が少しずつ多くなれば、ほめ方にも工夫ができるようになり、語彙を駆使してほめたり、感想を言ったりすることが楽しくなる。そこまでいけば「頭のいい人」とも思ってもらえるだろう。

ポイント
「かわいい」「スゲー」以外のほめ言葉を使うと、知的に見える。

「なにげに」

――本来の意味と違う間違った省略の日本語

近年、大人から若者まで平気で使っていて、気になる日本語が「なにげに」だ。「彼女になにげにアプローチしたいんだけど」「なにげにタバコをくゆらす姿が恰好いいんだよね」などと平気で使っている。雑誌でも、学識のありそうな人が当然のごとく使っているのだが、間違った日本語だ。

正しくは、「なにげなしに」だ。「なしに」と打ち消しの言葉がはいっているから、さりげなくという意味が生まれてくる。「なし」がなかったら、さりげなくという意味にはならない。むしろ、「何かありそうに」「わざとらしく」という意味で受け取られ、正しい日本語を使っている人に誤解を招く。「彼女になにげなしにアプローチしたいんだが」と言えば、正しい日本語になる。

「なにげなしに」が「なにげに」になったのは、省略されたからだ。おそらくは「なにげなし」という言葉がやや長いので、「なし」を省略してしまったのだろう。ところが、「なし」を省略してしまったがために、じつはまったく意味の異なる言葉になってしまった。そのことに気づかず「なにげに」と口にするのは、恥ずかしいことなのだ。

私が知的でないと感じる省略言葉は、ほかにもある。「ハンパ（半端）ない」「むずい」などがそうで、「半端ではない」「むずかしい」の省略だ。ただしこれらは完全に意味を変えているわけではないから、仕方ないと思っている。「なにげに」は、もとの「なにげなしに」と一八〇度意味が変わっていて、使ってはいけない日本語なのだ。

ポイント

「なにげに」ではなく、「なにげなしに」が正しい日本語。

「あの人はすごい」

――眼力のなさが透けて見える人脈自慢の日本語

情報収集の得意な人は、いろいろな人に会う。そんな人の中には、会って帰るや、周囲に「あの人、すごいよ」などと感想を語りたがる人もいる。「あの会社の課長はすごい」「あんなすごい経営者は見たことがない」「すごい意見を言う大学教授だった」などと、はめまくる。

いまだ興奮がさめずといったところで、本人は率直な感想を言っているのだろう。そこに人脈を自慢したい気持ちもあろうが、連発すると、周囲はシラけてしまう。

世の中に、個性的な人物、優れた人物は多いし、たしかにどの人物もすごい面があるだろう。そして、それらの人物の優れた要素を見出すのは立派なことだ。だが、だからといって会う人ごとに「すごい」と言っていたのでは、人物を見る眼力が疑われてしまう。「あの人は、会った人物なら誰でも『すごい』んだな」とさえ思われてしまうと、情報収集好きのお人よしとして見られかねない。

たしかに、人間には感心することが必要だし、感動も大事だ。けれども、なんにでも感心し、感動していては、これは浅薄というものだ。その人の観察力や価値観は、貧困なものと思われる。人をきちんと観察すれば、いい面もあれば、悪い面もあることに気づく。そうなれば、「あの人、すごい」とは、すぐに言えなくなる。ときどき、「あの人はすごかった」と言えば、これは説得力を持つ。人物を見抜く力のある奴とも思ってもらえる。

また、会うたびに感心することがあったなら、語彙を増やし、感心した理由を明らかにしていきたい。たんに「すごい」ではなく、「どこか突き抜けたところがある」「見識の持ち主だ」「懐が深い」「大人物である」「鬼才だ」「天分を感じさせる」など、ほめるにもいろいろな言葉がある。ほめる理由も、「あの人のメモ帳には、ぎっしり情報が詰まっていた」「堂々と意見を言う」「財政力が半端ではない」など、いろいろあるはずだ。

ほめる語彙を増やし、ほめる理由をはっきりさせていくなら、聞いている人もその見識の高さを感じてくれるだろう。

ポイント
- 「あの人はすごい」ではなく、「すごい」をべつの語彙で言い換える。
- 「あの人はすごい」理由をはっきりさせる。

第5章

理性のない日本語

――感情的な言い回し、甘えた表現…

頭のよさ＝理性。

論理的ではない感情的な言い回しや甘えた表現などは、感じが悪いだけでなく、愚かに見えてしまう。本章では、そんな「理性のない日本語」を紹介しよう。

「むかつく」

――人の感情を荒れさせる非人間的な日本語

「むかつく」は、若者がよく使う言葉の一つだ。何か気に入らないことがあると、すぐ「むかつく」と言う。「あいつのやり方は、むかつくな」「むかつく上司」「あのときは、むかつきました」などと、不快なこと、嫌なことがあると、すべて「むかつく」で通してしまう。

テレビを見ていても、「むかつく」を使う人は多い。「このタレント、むかつく」「あの言い方、むかつく」といった具合で、本人はそう言っている自覚さえなしに、「むかつく」という言葉が口から漏れているように見える。

「むかつく」と言っている本人は、そう口にすることで、気持ちがいいかもしれない。「むかつく」という言葉は、肉体的で生々しい言葉だから、不快感を強調できる。自分の苛立つ気持ちを表すのにいい言葉と思って「むかつく」を連発しているようだが、誰もその気持ちをわかってくれないだろう。それどころか、「品のない、汚らしい人」というイメージがつきやすい。

「むかつく」が嫌がられるのは、あまりに強烈な言葉だからだ。強い拒否感、否定を表す生々しい言葉であり、相手の存在を否定しようとしている。相手の存在を否定することは、戦争、殺人につながる。その意味で「むかつく」は非人間的な言葉であり、本来は人間が人間に使っていい言葉ではないと考える。

さらにいえば、人間は人間に対してむかつくべきではないと思う。人間がむかついていいのは、他の生物に対してくらいだろう。人間的に生きようとするなら、むかつくのを抑えるべきだろう。

「むかつく」を相手に直接言う人は少ないだろうが、陰でも言わないことだ。上司や取引先を不快に思っても、感情をコントロールすればいい。陰であれ「むかつく」と言っていると、その場はすさんでいくし、自分の感情も荒れていく。自分から、しだいに人間的な感情が消えていきさえしかねない。

テレビの前でも同じだ。「むかつく」は、不快な感情を垂れ流しにしているだけだ。自分を下品に変えていくだけで、人間的な成長がない。

「むかつく」と思ったときは、口にせず、なぜ「むかつく」のか考えてみるといい。その理由を考えていくと、相手のどこが間違っているか、はたまた自分にも非があったことにも気づく。そこまでわかってくると、「むかつく」ことも、そうなくなるはずだ。

ポイント

「むかつく」を口グセにしていると、その場も、自分の感情も荒れていく。

「上司がバカだから」

——自分の無能をさらすだけの言い訳の日本語

「俺の上司はバカだから」「上司が無能なので」「上司がだらしなくて」などは、ビジネスマンなら一度は言ったことがあるセリフではなかろうか。同僚には言わなくても、家族や友人につい言ってしまう。

言っている本人は、鬱憤晴らしで言うこともあろう。本当に上司を無能と思っていて、恨み節として言っている人もいる。

あるいは、うだつの上がらない自分を顧みて、上司のせいにしようとしているのかもしれない。「なぜ、出世できない」と言われたくないがため、一種の予防線として言っているのだ。

いずれにせよ、「俺の上司はバカだから」は、本人の意図したとおりには受け取ってもらえない。たとえ本当に上司が劣った人物であっても、この言葉は言い訳がましい印象を周囲に与えてしまう。

ビジネスでは、結果がすべての面がある。現場で一緒に作業している者同士なら、過程を重んじても、関係のない第三者は、結果でしか見ない。結果が出ていない人から「上司がバカだから」と言われても、他人には言い訳にしか聞こえないのだ。

また、ビジネスをよく知る者にとっても、「上司がバカだから」は言い訳に映る。上司がかりにバカであったとしても、仕事をするのは現場の人間だ。その人たちが、バカな上司を支えつつコントロールしていけば、結果を得られる。そんな努力もしないで、「上司がバカだから」と言っているのは、逃げにしか映らない。

「俺の上司はバカだから」「上司が無能なもので」はつい言ってしまいたくなるセリフだが、思いとどまりたい。我慢すれば、自分で自分を貶めずにすむのだ。

ポイント
「上司はバカだから」で、自分が評価されることはない。

「こんな仕事、やってられない」

——自分を過大評価した恥ずかしい日本語

仕事絡みでサラリーマンが口にして周囲を辟易させる言葉は少なくないが、「こんな仕事、やってられないよ」もまた、その一つだ。もっとも私自身、よく言うセリフで、言わないように気をつけているが、それでもときに言うことがある。

お金にもならず、名誉にもならず、誰からも評価されるわけでもないのに、引き受けたからにはしなければならない仕事があるものだ。ただただつらいだけ。ときには、憎まれ役にならざるを得ないこともある。あるいは、失敗するとわかっているのに、行きがかり上、最後までやり遂げなければならないこともある。

そんな場合、ああ、こんな仕事、やってられないとつい思ってしまう。あるとき、そのような仕事の数日まえから、妻の前で「こんな仕事、やってられない」と、ぼやきつづけていた。

妻に言うくらいならいいだろうと思っていたが、あまりに私がぼやくので、妻は私を「男らしくない」と叱った。「あんたは、すぐに弱音を吐く」とも言われた。一回くらいならともかく、一〇回も二〇回もぼやく私を、さすがに妻はみっともないと思ったのだ。

叱られてみれば、たしかにそのとおりで、「こんな仕事、やってられない」は、グチにしかなっていない。加えて、自分を過大評価しているとも受け取られる。若者の将来を決する場で仕事をするのをありがたいことと思うべきなのに、そのような仕事を軽く見ているということにほかならない。

いま目先でやっている仕事が、つまらなく、くだらない仕事に映ることもある。けれども、その仕事を着実にこなすことで、周囲から信頼を得られるのも確かだ。「地味な仕事でもよくやってくれる」と好印象まで持たれたら、そのうちもっといい仕事も回ってくる。

そう考えるなら、「こんな仕事、やってられないよ」は禁句なのだ。「こんな仕事、やってられないよ」とむくれている人物に、まともな人はまともな仕事を回さなくなるからだ。

ポイント

「こんな仕事、やってられないよ」と言うのではなく、仕事をこなすことが信頼につながると考える。

「俺はいつか独立するつもりだ」

——負け犬の遠吠え感の強いグチに等しい日本語

サラリーマン同士の会話で、よく登場する言葉が「俺はいつか独立するつもりだ」だ。同じような言葉に、「俺はいつまでも、こんなところにいる人間じゃない」もある。言っている本人は、自分の志の高さを周囲に見せつけているつもりかもしれない。周囲とは違うレベルにある人間だということを訴えたいのかもしれない。あるいは、息巻いて、周囲を威嚇《いかく》したいのかもしれない。

当人は独立した自分を思い浮かべて気持ちよくなっているようだが、周囲は好感を持たない。そこそこにデキる人の発言であれ、周囲は負け犬の遠吠えと思ってしまうことが多い。あまり高く評価されていない人が言おうものなら、たちの悪いグチか、空疎な夢にしか映らない。

本当に優秀な人は、「いつか独立したい」と心の中で思っていても、それを軽々しく口にすることはないだろう。将来の独立計画を下手に周囲に語ろうものなら、会社に潰されかねない。独立の噂は回り回って、上司の耳にはいりかねないからだ。独立を考える優秀な人間にとって、独立は秘密事項なのだ。

また、本当に優秀な人間は、独立がいかにむずかしいかわかっている。やればできるという意気込みや志のみで、できるわけではないこともわかっている。だから、「独立するぞ」と息巻くのは、独立のあり方に反するものとさえ思っている。逆に言えば、独立をまともに考えていないから、「いつか独立するつもりだ」と平気で言えるという面さえある。

じつのところ、私の知人にも独立を語りたがる人物がいた。ふだんはそんな話はしないのだが、酒がはいると気が大きくなるのか、将来の独立を語る。「地元に帰って、会社を設立し……」といった話だが、結局、実現しないままだ。

「いつか独立するつもりだ」「俺はいつまでもこんなところにいる人間じゃない」は、言わないに越したことはない。一〇年経っても、まだ同じ職場にいて同じ言葉を吐いていたら、笑い物にしかならない。

ポイント

本当に独立する気がある人は、秘密事項にしておくもの。

「意地悪言わないでください」「やさしくしてください」

――公式の場を勘違いした幼稚な日本語

近年、オフィスで失笑を買っている日本語に、「意地悪言わないでくださいよ」がある。入社して間もない社員が、中堅社員相手にときどきこの言葉を使うらしい。

ある会社に、新人がはいったときのことだ。新人が新型のコピー機を扱っていたところ、紙詰まりとなったらしい。その新人は中堅社員に紙詰まりを報告し、直し方を尋ねてきたが、中堅社員も新型コピー機には慣れていない。そこで、説明書を見て直すよう指示したのだが、その新入社員は「不慣れでわかりません」と言う。中堅社員が「私もわからないから」と突き離すと、新入社員は「意地悪言わないでくださいよ」と返事してきた。これには、中堅社員も呆然としてしまったという。

あるいは、新入社員が注意されたときだ。これまた、「意地悪言わないでくださいよ」と返す新入社員がある。むずかしい課題を与えられたときも、この言葉が出てくる。ほかに「やさしくしてくださいよ」と言う新入社員もいる。

新入社員からすれば、本心を言っただけかもしれないが、「意地悪しないでください」といった感情的な言葉は、ビジネスの場ではありえない。ビジネスの世界では、感情的な言葉は慎まねばならない。仲間内では通じた言葉かもしれないが、そのことをわかっていないから、顰蹙《ひんしゅく》を買うのだ。

さらに「意地悪言わないでください」は、甘えた印象が強い。ビジネスの世界で、甘えもまたタブーであり、そのため、あつかましい印象が強くなる。

「意地悪言わないでください」「やさしくしてください」は、ビジネスの世界にしばらくいれば、使わなくなる言葉だ。会社に何年もいてこんな言葉を使う人はいないと思うが、新人が会社で平気で使ってしまうのは、学生時代に当然のように使っているからだ。

ビジネスの世界ではタフな相手と交渉しなければならないことがある。こんなときも、「やさしくしてください」と言ってはなめられる。せいぜい言っていいのは、「お手やわらかに願います」だ。

ポイント

「意地悪言わないでください」はＮＧ。せめて「お手やわらかにお願いします」。

「わからないから、教えてください」

——甘えからくる依存心の強い日本語

「わからないから、教えてください」も、新人がときどき言っては、周囲を呆れさせる言葉だ。

本人は、わからないことを尋ねるのを当然と思っているだろう。昔から、わからないことがあったら、恥ずかしがらずに人に聞けとも言われてきた。上司なら、何もかもわかっていて、教えてくれるのが当たりまえと思って尋ねているのだろうが、ずいぶん印象を悪くすることになる。

もちろん、自分で調べつくし、それでもわからずに尋ねるのならいい。あるいは、「教えてください」という言葉をきっかけに異性との関係を持とうという魂胆があるのなら、それもいいだろう。

だが、自分で努力をしようともせずに、すぐに他者に頼るのでは、誰からも信頼を得られない。

つまりは、「わからないから、教えてください」は、自分でわかろうとする努力を放棄した言葉なのだ。

「教えてください」は、自分でわかろうとする努力をしてみて、初めて言える言葉だ。「わからないから、教えてください」は、自分でわかろうともせず、「わからない」と開き直っている。誰かが教えてくれて当然と思っていて、他者への依存心の強さがあからさまなのだ。依存心の強い人物は、あまりに幼稚であり、軽蔑の対象になるのだ。

ビジネスの場のみではない。一般社会でも、「わからないから、教えてください」式の質問をする人は少なくない。

ウェブの世界でも、質問サイトに「わからないから、教えてください」式の質問が氾濫《はんらん》している。ちょっと調べればすぐにわかることなのに、質問してしまっている。解答文の文末あたりには、よく「少し調べればわかることとです」と書かれている。端《はな》から相手にせず、「調べればすぐにわかります」と切り捨てている返答も多い。

自分で調べようとせず、すぐに人に頼ってしまう人は、依存心が強いとともに、苦手意識の強い人ともいえるかもしれない。

少しでも知らないことがあると、すぐにこれを苦手な領域と思ってしまう。新たな事象に突き当たるたびに、それが苦手領域となり、世の中のほとんどが苦手領域に見えてしまう。苦手領域に接すると、思考放棄してしまい、すぐに人に頼ってしまうのだろう。

実際のところ、一見苦手に思える領域でも、ちょっと踏み込んでみると、意外にそうでないことも少なくない。あるいは、苦手と思えた領域でも、得意領域とつなげていくと、得意領域に変わってくることもある。

苦手意識の強い人は、こうした試みは初めから放棄してしまっている。これは、本人のためにもならない。

苦手領域の話にとどまらず、新たな事象に出会ったなら、まずは調べてみることだ。かつては一つの事柄を調べるのにかなり手間がかかることもあったが、ウェブの発達した現代にあっては、キーワードを入力するだけで、簡単に調べがつく。パソコンの前に少し向かえば、ある程度調べがつき、わかってくる。それでもわからないとき、初めて人に聞けばいい。

最初に自分で調べて、わかろうとする努力は、無にはならない。どこがわからないかを知ることができれば、人に尋ねるときも、質問しやすい。

「ここがわからないから、教えてください」と言えば、教えるほうもどこを教えればいいのかがつかみやすく、的確に教えやすい。結果、きちんとわかるようになる。

最初からわかろうとする努力を放棄して、教えてもらっていると、自分で全体像をつかみにくい。いくら教えてもらっても、わからないままということにもなるのだ。

「わからないから、教えてください」と言われた側も、少しは突き放していい。「自分で考えろ」と言うのはやや酷だが、まずは「自分で調べろ」と促すくらいしたほうが、その人物のためになる。

ポイント

「わからないから、教えてください」ではなく、「ここがわからないから、教えてください」。

「君（あなた）にはわからないだろうけど」

――相手とのコミュニケーションを断ち切ってしまう感情的な日本語

人が感情的になったとき、相手に言ってしまう日本語が「君にはわからないだろうけど」だ。

そこに込められた気持ちは、さまざまだ。夫の理解を得られず、寂しい思いしている妻の場合なら、自分のつらい気持ちを訴えたくて、「あなたには、わからないだろうけど」と言っている。あるいは、自分よりも知識のない人を相手に優しく教えてあげるつもりになって、「君たちにはわからないだろうけど」と言う人もいる。

時には、「お前のような無知なやつにはわかるはずはないけれど」というように悪意を含ませて語ることもあるが、むしろそれは例外で、言った本人には悪気はないことが多いだろう。ところが、相手との関係性をいい方向に維持したい気持ちから言っているのに、言われた相手はそうは取らない。感情を傷つけられ、ケンカを売られたような気になる。

「君にはわからないだろうけど」「あなたにはわからないだろうけど」という言い方は、相手の能力や心を決めつけてしまい、そこに限界を設けている点で、あまりに攻撃的であり、失礼なのだ。本人にはそのつもりがなくても、「君は、もう少しすぐれた人だったら、もう少しやさしい人だったらわかるはずのことをわかっていない」という意味が含まれるために、人を責めている。言われたほうは、「そんなことを言われても」は戸惑ってしまう。自覚してなかった落ち度を見つけられ、それを激しく攻撃されている気になる。言った相手に対する印象は悪くなり、関係性を維持しようとは思わなくなるのだ。

寂しさを訴えた妻の場合にしろ、夫はケンカ腰で来られたと思い、理解しようという言葉、やさしい言葉を言えなくなる。相手のレベルに合わせたつもりでも、相手は侮辱された気になる。挑発の場合だって、同じく侮辱された気になりやすい。

「君にはわからないだろうけど」は、つい言ってしまいがちな言葉だが、言っても何のプラスにもならないのだ。

ポイント

「君にはわからないだろうけど」は、理解を求めているようでいて、じつはケンカを売っている言葉と心得る。

「どうせ私はバカだから」

——相手を拒絶し、ふてぶてしく居直った日本語

「どうせ私はバカだから」は、家庭でよく出てくる言葉だ。妻が夫相手に「どうせ私はバカだから」と言うケースが最も多いかもしれない。夫が妻相手に、「どうせ俺は家計もわからないバカだよ」と言うこともあるだろう。ときには、子どもが親相手に「どうせ俺はバカだから、そんなことを言われても、わからないよ」と言ってくる。

「どうせ私はバカだから」を使う本人は、相手の言い分に腹が立ってしかたない。相手の言い分を聞きたくないと思って、つい口にしてしまうのだが、賢明な態度とはいえない。

「どうせ私はバカだから」は、激しい拒絶感のある日本語だ。そこには、ふてぶてしい居直り感もある。言われた側は、感情を害するとともに、その取りつく島のなさに唖然《あぜん》とする。愚かだということを開き直られると、もうどうしようもない。

言った当人は、相手をうまく撃退したと思っているかもしれないが、相手に悪感情が残

るし、本人のためにもならない。「どうせ私はバカだから」と言ってしまうと、自分を必要以上に貶め、自分の愚かさを認めてしまったことになる。「賢くなる必要はない。いまのままでいい」という気分が強くなれば、向上しようという気がなくなる。これでは、愚かと見られたままだ。

議論で、自分がかなわないと思っても、「どうせ私はバカだから」と開き直らないことだ。それよりも、相手を知的にへこます言葉を考えたほうがいい。

一つには、「私はあなたのように、頭がよくないから」という皮肉で切り返す。もちろん相手を本当に「頭のいい人」と思っていないことは、相手にも伝わる。この言い方なら、相手も言い返すことができないし、自分を貶めることにもならない。

ポイント

「どうせ私はバカだから」と開き直らず、「私はあなたのように、頭がよくないから」と切り返す。

「昨日、寝てないんです」

――無能をあからさまにした、甘えを感じさせる日本語

かつてある乳業メーカーが集団食中毒事件を起こしたとき、社長が「寝ていないんだ」とマスコミに毒づいて、話題になったことがあった。社長はこのひと言で大きく株を下げたが、ビジネスマンや学生でも、「昨日、寝てないんです」を使う人が少なくない。

たしかに、忙しくて、本当に寝る時間がなかったのかもしれない。「昨日、寝ていないんです」と訴えれば、少しは同情が得られると思ってのことかもしれない。あるいは〝忙しい自慢〟のつもりで、言っている人もいるだろう。いずれにせよ、「昨日、寝ていないんです」は、食中毒事件の社長と同じような印象しか持たれない。

「昨日、寝ていないんです」が悪印象を持たれる日本語なのは、まずは甘えを感じさせるからだ。本人は同情を得たくて言っているかもしれないが、受け止めたほうは甘えとしか取らない。言った当人の立場や窮状を察するほど、人はお人好しでない。「昨日、寝てな

いんです」は、自分の忙しい立場、苦しい立場を察してくれと強要しているようなもので、そこに甘えを感じ取るのだ。

さらには、「昨日、寝てないんです」は自己管理のできていない人というイメージがつきまとう。どんなに忙しくても、明日からのことを考えるなら、寝る時間も必要だ。睡眠をある程度とってこそ、初めて知性を発揮できるのだが、「寝てないんです」と言う人は、その睡眠をいい加減に考えてしまっている。あとで睡眠不足を訴えても、本人の思慮不足の結果として言いようがない。また、かりに寝ていなくても、それは言い訳にならない。公の場で仕事をしたり、学んでいるかぎり、睡眠不足であっても、それをカバーする技術、体力、気力が求められる。「昨日、寝てないんです」は、技術も体力も気力もないことをあからさまにしているようなものだ。

「昨日、寝てないんです」は、自慢にもならない。結果が伴えば話は多少違ってくるが、ただ徹夜しただけでは、評価の対象にはならない。逆に要領の悪い人、自慢好きと受け取られておしまいだ。

ポイント

たとえ睡眠不足でも、「昨日、寝ていないんです」は禁句。

「前は、こう言ったじゃないですか」

――状況の変化を読みきれない、生意気な日本語

部下が上司についつい言ってしまう言葉の一つが、「前は、こう言ったじゃないですか」だ。かつて上司が言っていたことと、いまの上司の発言が違っているとき、「それはないだろう」と思って言いたくなる。

部下とすれば、上司のひと言ひと言をきちんと守ったつもりになっている。そこに以前の発言を覆すようなことを言われたら、たまったものではない。部下は上司を抗議の気持ちを込めて「前は、こう言ったじゃないですか」と言ってしまうのだが、これがときに反感を買うことになる。

上司からすれば、「前は、こう言ったじゃないですか」は揚げ足取りに映るのだ。上司の目指すところは以前と同じでも、環境の変化や仕事の中身によって、手法やアプローチを変えねばならないことがある。変化に対応して、個別に言っているつもりなのに、「前は、

こう言ったじゃないですか」と反論されると、上司は「こいつは仕事の全体をわかっていない」と見なす。全体が見えないくせに、細かいことを言う愚かで生意気な奴というイメージで見るようになるのだ。

また、上司だって、以前と考え方を変えることがある。そこを部下にいちいち指摘されるのは、不快きわまりない。人の変化を許そうとしない生意気な奴と、部下を見るようになる。

私もかつて若かったころ、この言葉で痛い思いをしたことがある。自動車教習所の運転教習の時間、最初の五分あたりで、当日担当の教官の指導が、べつの教官が以前に言っていた内容と違うことに違和感を覚えた。そこでつい「前の先生の言っていたことと違うんですけど、どっちに従えばいいんですか」と言ってしまい、その教官を怒らせてしまった。その時間はまったく教えてもらえず、「お前は外周を回っていろ」と言われ、残る時間は外周を回るだけで終わりだった。

その教官の態度はいまなら問題視されるかもしれないが、たしかに私の言い方も生意気で、配慮の足りないものだった。このことは、教官の立場になって考えてみればわかる。教官によって教え方や意見が違うのは、よくあることだ。そこに、教官内の上下関係や人間関係も絡んでくる。「前の先生」といまの教官の間にも、ややこしい関係があってもおかしくない。そのあたりを考えず、「前の先生が言ったことと違う」と言ったため、不愉快にさせてしまったのだ。

上司の発言が以前と違うと思っても、それをストレートに言うのは、上司を感情的にさせるだけだ。ここは、上司の立場を察した尋ね方にしたい。「以前、こう言われたのですが、状況が変わったのですか」「××さんはこう言われたのですが、同じ意味なのですか」などと尋ねればいい。

ただし自分が上司の立場で、部下が以前と違うことを言いはじめたときは、指摘したほうがいい。おそらく部下の頭の中で思考の矛盾が起きているから、それを正す方向に誘導することだ。

ポイント

「前は、こう言ったじゃありませんか」ではなく、「以前はこう言われたのですが、状況が変わったのですか」。

「そこを何とか」

――情実でねじこむ、あさましい日本語

自分ではデキると思っているビジネスマンが、つい口にしてしまうのが、「そこを何とか頼むよ」だ。相手は、部下か取引先だ。もう交渉や取り決め、申し合わせはすんでいるのに、それを覆《くつがえ》したいときに、よく使う。あるいは、新たな条件をねじこみたいときにも使う。

本来なら、受け入れられそうもない新たな取り決めや条件を押しつけたいとき、デキると思っているビジネスマンは、情実による力技を使いたがる。「自分と相手は深い仲」と思い込み、自分と相手の仲なら、情実で押し込めると思っているのだ。相手はまず断れまいと決めつけていて、自分の力を誇示する場面とさえ思っている。

「そこを何とか頼むよ」と押し込むのは、そんな力業《ちからわざ》の一つだが、相手を閉口させるだけで、悪印象を残すことになる。「そこを何とか頼むよ」という情実にまかせた依頼方法が、あまりにも虫がよすぎるからだ。

取引先であれ、部下であれ、多くは当人が思うほど深い仲とは思っていないことも多いだろう。それなのに、深い仲であるかのごとくふるまい、なれなれしく押しつけをするのだから、困り果てることになる。

従属関係や上下関係から渋々と呑むことはよくあるケースだが、信頼関係や絆から受けたわけではない。要はパワハラであり、相手は泣く泣く受け入れたにすぎない。「そこを何とか頼むよ」と言ってきた人物に対しては、横暴な人物、すぐにつけあがる人物という悪印象しか残らない。

一方で、「そこを何とか頼むよ」とねじこんだ当人は、「俺の顔で、話が覆った」と得意になる。両者の意識には大きな開きがあり、「そこを何とか頼むよ」と言われたほうは、憤懣《ふんまん》をためていくことになる。

また、当人は得意になっていても、周囲はそう評価しない。力関係にまかせて横暴にふるまう、エラそうな人物くらいの評価しかしていない。

「そこを何とか頼むよ」は、かりに言うにしろ、最後の手段だ。決定を覆したかったり、新たな条件をねじこみたかったら、まずは相手の喜ぶ条件も同時に提案していくことだ。

「この部分ではこちらが譲歩するから、ここの部分を認めてくれ」という、互いの利を視野に入れた交渉をするなら、相手も受け入れやすい。こうした交渉のできるビジネスマンこそが本当にデキるビジネスマンであり、情実にませた交渉をするビジネスマンは勘違い型のビジネスマンなのだ。

ポイント

「そこを何とか」と情に訴えるより、相手の喜ぶ条件を提案する。

青春新書
INTELLIGENCE

こころ涌き立つ「知」の冒険

いまを生きる

"青春新書"は昭和三一年に――若い日に常にあなたの心の友として、その糧となり実になる多様な知恵が、生きる指標として勇気と力になり、すぐに役立つ――をモットーに創刊された。

そして昭和三八年、新しい時代の気運の中で、新書"プレイブックス"にその役目のバトンを渡した。「人生を自由自在に活動《プレイ》する」のキャッチコピーのもと――すべてのうっ積を吹きとばし、自由闊達な活動力を培養し、勇気と自信を生み出す最も楽しいシリーズ――となった。

いまや、私たちはバブル経済崩壊後の混沌とした価値観のただ中にいる。その価値観は常に未曾有の変貌を見せ、社会は少子高齢化し、地球規模の環境問題等は解決の兆しを見せない。私たちはあらゆる不安と懐疑に対峙している。

本シリーズ"青春新書インテリジェンス"はまさに、この時代の欲求によってプレイブックスから分化・刊行された。それは即ち、「心の中に自らの青春の輝きを失わない旺盛な知力、活力への欲求」に他ならない。応えるべきキャッチコピーは「こころ涌き立つ"知"の冒険」である。

予測のつかない時代にあって、一人ひとりの足元を照らし出すシリーズでありたいと願う。青春出版社は本年創業五〇周年を迎えた。これはひとえに長年に亘る多くの読者の熱いご支持の賜物である。社員一同深く感謝し、より一層世の中に希望と勇気の明るい光を放つ書籍を出版すべく、鋭意志すものである。

平成一七年　　刊行者　小澤源太郎

著者紹介

樋口裕一〈ひぐち　ゆういち〉

1951年大分県生まれ。早稲田大学第一文学部卒業後、立教大学大学院博士課程満期退学。仏文学、アフリカ文学の翻訳家として活動するかたわら、受験小論文指導の第一人者として活躍。通信添削による作文、小論文専門塾「白藍塾」主宰。小学生から社会人まで幅広い層の文章指導に携わる。多摩大学経営情報学部教授。京都産業大学文化学部客員教授。著書に250万部の大ベストセラーとなった『頭がいい人、悪い人の話し方』(PHP新書)のほか、『1分で話をまとめる技術』(小社刊)、『ホンモノの思考力』(集英社新書)など多数。

バカに見《み》える日本語《にほんご》　青春新書 INTELLIGENCE

2012年 4 月15日　第 1 刷

著　者　樋《ひ》口《ぐち》裕《ゆう》一《いち》

発行者　小澤源太郎

責任編集　株式会社プライム涌光

電話　編集部　03(3203)2850

発行所　東京都新宿区若松町12番1号 〒162-0056　株式会社青春出版社

電話　営業部　03(3207)1916　振替番号　00190-7-98602

印刷・図書印刷　製本・ナショナル製本

ISBN978-4-413-04354-0